AF563887

LES
QUATRE ÉTATS DE LA FRANCE;

1789.

« Vante qui voudra Louis XII : pour moi, je publierai par-tout l'Univers l'amour de Louis XVI pour son peuple. J'apprendrai à mes enfans, pour qu'ils le répètent à nos neveux, & que le souvenir s'en perpétue d'âge en âge, ces paroles consolantes qu'il a prononcées : *Je suis pour le Peuple.* Si vous surnommâtes Louis XII votre père, vous proclamerez Louis XVI *le Patriote*, *&* *l'Ami du Peuple* ». *Disc. d'un Pléb.*, *p.* 48.

LES QUATRE ETATS,

AU ROI FRANÇOIS II.

SIRE,

Les Anciens dans leurs écrits, *Platon* surtout dans sa République, distinguent trois sortes de gouvernemens : le premier, populaire ou démocratique, dans lequel chaque Membre de la République a part à la souveraineté. Le deuxième, Aristocratique ou Seigneurial, régi par ceux qui avoient servi le Peuple, & à qui il avoit bien voulu céder ses droits; enfin, le troisième Monarchique (1)

(1) L'Auteur du Contrat social assigne une différence essentielle entre le gouvernement paternel & le monarchique. Dans le premier, dit-il, le père nourrit les enfans; dans le second, les enfans nourrissent le père.

on paternel, dans lequel tous promettent, par contrat tacite, d'obéir à un seul, qui, à son tour, doit les protéger, les consulter & les rendre heureux.

Après avoir balancé les avantages & les inconvéniens de ces régimes politiques, les Philosophes s'accordent à placer au premier rang le Gouvernement Monarchique comme plus *un* dans ses plans, & plus prompt dans l'exécution de ses volontés. Je ne vous dirai point, comme vos flatteurs, que ce Gouvernement vient immédiatement de Dieu même, & que vous ne tenez votre couronne que du Ciel & de votre épée. Le premier Prélat qui, parmi nous, osa faire entendre cette maxime erronée, ne l'avança que pour calmer le remords dans le cœur d'un usurpateur (1).

---

(1) *L'Hôpital* désigne-t-il ici le Pape Zacharie, qui, attendant tout de Pepin & rien de Chilpéric, décida que le Maire pouvoit prendre le titre de Roi, puisqu'il en faisoit les fonctions.

Pepin étoit *un usurpateur*, & Zacharie, au-lieu de consulter la justice, ne consulta que ses intérêts. Peut-être ce passage fait allusion à la complaisance intéressée du Pape *Etienne II* ou *III*, qui

Je vous dirai seulement que comme les membres d'un corps vigoureux & sain, sont dans un accord parfait avec les volontés de l'âme hôtesse de ce corps ; ou comme on voit un Coursier dompté obéir à la main qui le guide, & le navire en pleine mer voguer au gré du Pilote ; ainsi la France vous suit docilement comme un chef, vous aime comme un père, & voit en vous l'image de l'éternelle Providence, qui fit les Rois pour les Peuples.

Ce florissant Empire, semblable à l'Univers, fut toujours composé de quatre Corps élémentaires. Le Peuple, né pour l'agriculture & pour l'industrie, doit être compté le premier ; après lui, vient cette généreuse Noblesse, qui se dévoue aux combats pour protéger les utiles travaux de ce malheureux Peuple : le Magistrat qui fait régner la paix dans l'Etat, pendant que le Guerrier la maintient au dehors, forme la troisième classe. Et enfin viennent les Ministres des Autels, qui doi-

---

vint de Rome à Saint Denis sacrer Pepin, & Charles & Carloman encore, *& conjurer les François de maintenir la couronne dans cette nouvelle famille.*

vent réunir la ſcience à la piété, le déſintéreſſement aux mœurs les plus chaſtes, & l'amour de la ſolitude à l'amour de l'humanité.

I.

LE PEUPLE.

SIRE,

Méditez la fable antique des membres & de l'estomac ; travaillez également pour tous les membres du Corps politique, puisque chacun de ses Membres travaille & sue pour son Chef Royal.

L'harmonie du corps humain figure celle de l'Etat : imitez la Nature ; voyez avec quelle économie & quelle égalité elle fait couler la vie dans chaque partie de nous-mêmes, quel équilibre elle maintient dans cette admirable machine. Ainsi le Prince doit, imitant cette prudence, maintenir la justice dans ses Etats;

empêcher les usurpations d'un bien commun à tous, & faire circuler l'abondance & la vie parmi ce Corps universel dont il est devenu le cœur. Un seul Membre ne peut s'accroître que par l'*atrophie* de son voisin ; aucun Privilége ne peut devenir héréditaire sans préparer le vice, sans décourager la vertu. Ainsi commence cette affreuse inégalité qui répand au loin la difformité & le malheur, & ne laisse plus voir qu'un despote & des esclaves, où l'on ne devroit contempler qu'un père adoré, & des enfans heureux par l'égal partage de ses faveurs (1).

---

(1) Je ne veux pas parler d'une égalité de fortune, car le cours des choses la détruiroit d'une génération à l'autre. Je n'entends pas non plus que tous les Citoyens ayent la même part aux honneurs, puisque cela seroit contradictoire à l'ordre de la société, qui demande que les uns gouvernent, & que les autres soient gouvernés : mais j'entends que tous les Citoyens, également protégés par les Loix, soient également assurés de ce qu'ils ont chacun en propre, & qu'ils ayent également la liberté d'en jouir & d'en disposer. De-là il résulte *qu'aucun ne pourra nuire, & qu'on ne pourra nuire à aucun.*

Cette égalité seroit tout-à-fait détruite ; si des privi-

Sire, prenez donc soin de ce pauvre Peuple : ses besoins sont urgens & nombreux; il succombe sous le faix de la misère & des impôts : ne mesurez pas ses facultés sur sa bonne volonté. De long-temps, il ne pourra la manifester. Il représente les pieds & les mains d'un corps affoibli par toutes sortes d'excès. Laissez-le respirer de tant de pénibles exercices; la santé sera le fruit d'un régime doux & modéré. Nous verrons à la langueur succéder la force & la joie dont le bonheur du Peuple est toujours le gage certain.

Souvenez-vous que la vie des Rois seroit

léges donnoient à quelques-uns le droit exclusif de s'occuper d'un commerce ; si des impôts arbitraires ne permettoient pas aux Citoyens de savoir ce que le fisc voudra bien leur laisser, si les publicains étoient autorisés à vexer impunément les peuples ; si l'intrigue faisoit un trafic des emplois, vendoit le droit de s'enrichir par toutes sortes de moyens ; en un mot, si le Gouvernement enhardissoit l'avidité à tout oser : ce seroit alors le temps d'une fortune rapide & d'une inégalité destructive. (Voyez *Constitution sur l'Histoire moderne*, *chap.* 2, où cette question est traitée.)

misérable sans lui ; que sans lui, la terre inculte & marâtre à ses fils, n'offriroit ni les dons de Cérès qui ont succédé aux glands des chênes, ni les doux présens de Bacchus, que nous mêlons si délicieusement à l'eau des fontaines, jadis notre unique boisson. L'art nourricier que le Peuple exerce est le premier de tous ; & c'est à des Dieux Cultivateurs, & non à de féroces Conquérans, que jadis la reconnoissance des Peuples éleva les premiers Autels. (Cérès & Bacchus sont des Divinités du premier ordre ; Hercule & Thésée ne sont que des demi-Dieux).

C'est par le Peuple que nous trafiquons de notre superflu avec le monde entier. Son industrie & son activité rapprochent pour nous les fruits de tous les climats. C'est lui qui arrache péniblement les métaux des entrailles de la terre ; lui qui les dompte sous les marteaux ; lui qui les façonne en instrumens utiles, ou qui les épurant avec art, les rend l'aliment d'un luxe, hélas ! trop nécessaire. C'est de lui enfin qu'émanent ces sources intarissables d'or & d'argent, qui ne doivent remonter dans votre épargne, Sire, que pour redescendre d'une course encore plus rapide jusqu'à ceux qui, s'épuisant par les tributs, ont tant de droits à vos secours. C'est leur sueur, c'est leur sang qu'ils expriment avec joie pour vous satisfaire. Ils font croître le pur froment, & ne se nourrissent que d'un pain de douleur; ils cultivent la vigne, & ne s'abreuvent que du jus des plus âpres buissons.

Oh! mon Roi, sois touché de la profonde misère de ton Peuple; songe qu'elle décourage, qu'elle abrutit tes plus belles Provinces. Ne juge pas de ton Royaume par la splendeur décevante de tes Cités; vois les Campagnes en deuil couvertes de Malheureux, hâves, tristes, vêtus de haillons, implorant à genoux la charité du Voyageur impuissant à soulager tant d'infortunes, & sois bien convaincu qu'on te trompe, lorsqu'on t'en offre d'autres tableaux dans tes conseils ou dans tes voyages (1).

---

(1) On se moque des Princes, on les trahit, on les joue indignement, quand on leur fait accroire que la France ressemble aux Villes qu'on leur fait parcourir avec faste, *après avoir ordonné des réjouissances sous peine d'amende*. Un peuple imbécille s'attroupe pour contempler le cortége : on voit par-tout un air de fête, des tonneaux de vin aux carrefours,

Sire, le Noble, ambitieux de priviléges, vous servira dans les combats ; le Magistrat

---

des paysans qui s'endimanchent pour venir s'enivrer à la Ville & voir les fusées : ce tumulte, ce tapage rendent l'étourdissement réciproque ; mais ce vain spectacle, dont le Courtisan profite pour ses intérêts, n'excite que la pitié du sage & du patriote. Il faut avoir parcouru les Provinces pauvres, la Champagne pouilleuse, la Sologne, le Limousin, l'Auvergne, pour juger de la profonde misère des paysans, & voir si ces misérables ressemblent aux fermiers de Brie ou de Beauce. *Allez de Noir-Etable du Mont-d'Or* : vous verrez des Villages entiers se prosterner pour obtenir quelques liards. Entrez dans leurs chaumières mal couvertes ; point de vaches, point de poules, du pain noir, une boisson infecte, un grabat plein de paille, de rats & de vermine, des sarrots de toile usée, un peu de lard rance, quelques raves, quelques chataignes : voilà tout ce qu'on y trouve. Traversez le Bourbonnois pour passer à Bourges, la Sologne de Vatan à Sully, le Limousin de Tulle à Pierre-Bufiere, : c'est-là que vous verrez la misère la plus triste, la plus dénuée ; des hommes desséchés par le travail, des femmes vieilles à vingt-cinq ans, des enfans mal sains & mal propres, & cette indifférence pour la vie qui accuse toujours le Gouvernement.

avide de gages & d'épices, rendra la justice en votre nom ; le Prélat, insatiable de bénéfices, d'exemptions & d'honneurs, surveillera les vrais conducteurs du saint troupeau qu'il scandalise trop souvent par ses mœurs ; mais si la charrue est oisive dans les champs, si les robustes mains qui doivent la guider, desséchées par le besoin, ne savent plus que mendier vilement, c'en est fait de l'Etat ; ce vaste édifice va crouler sur ses fondemens ébranlés ; au premier choc de l'aquilon, il tombera sur la terre avec un horrible fracas ; & les grands tombant de plus haut, seront les plus mortellement froissés dans ce grand désastre.

Quelqu'utiles que soient les autres labeurs de l'industrie, peut-on les comparer à ceux de l'Agriculture ? Les arts du luxe souvent complices des plus honteux plaisirs ; les métiers sédentaires qui font de tristes prisonniers des hommes qui les exercent, & n'abâtardissent pas moins leurs esprits que leurs corps, qu'ont-ils de commun avec cette noble & libre profession, qui commande à la nature,

& peut seule réparer tous les maux dont le luxe, la tyrannie & la fausse politique accablent l'Humanité! Voyez l'homme des champs s'établir dans des landes sauvages. Armé du fer tranchant & du soc nourricier, il change en terrein *plantureux* les plaines infertiles ; la *lambrusque* se métamorphose en un cep plus heureux. L'arbre transformé se couronne de fruits superbes ; les moissons se succèdent ; ces marais sont changés en prés pleins de fleurs, où errent & mugissent de nombreux troupeaux, qu'il conduira bientôt dans le gouffre insatiable des Cours & des Villes. Dans ce verger tranquille entendez vous bourdonner ces essaims de diligentes abeilles ? Là se forme le miel, salubre aliment & le plus doux des remèdes ; là se pétrit la cire qui, bientôt rivale de la lumière, ira chasser les ténèbres des palais des Rois & des temples des Dieux, juges suprêmes des Rois. Protecteur de ces merveilles de la Nature, le Laboureur ne se lasse point d'en renouveler le spectacle, & nous apprend à connoître par-là l'indicible bienfaisance du père commun des humains. Telle fut la science des Rois pasteurs de l'antiquité.

Les antiques Sabins, les vénérables Consuls de Rome, de ces mêmes mains dont naguère ils avoient triomphé de leurs ennemis, cultivoient leurs champs modiques; & la terre sollicitée par ces héros, tressailloit de joie; tant ils estimoient cette vie champêtre, digne de leur mâle vertu! Heureux, en effet, qui peut passer sa vie dans les paisibles campagnes! Là ne règne ni la misérable envie, ni les aveugles factions, ni les séditions orageuses. Là sont inconnus la plupart des vices corrupteurs sortis de la boîte fatale. Là les femmes connoissent encore la pudeur, les jeunes filles sont parées de leur innocence ou embellies d'un amour pur; là les vieillards sont honorés, & les hommes de tous les âges vivent dans la crainte des Dieux. On y devient sage de l'expérience d'autrui; & un travail modéré, quoiqu'assidu, chasse au loin les mauvaises mœurs qu'enfante l'oisiveté, & les folles amours & les jeux ruineux, pestes des Républiques. Oui, Sire, heureux les Empires où les grandes cités sont clair-semées; heureux les Empires où la population est prudemment répartie dans des campagnes fécondes & riantes! La piété, l'amour & la félicité, bannies des Villes

& des Cours, ont choisi les champs pour asyles.

Qu'il est doux au cœur, le spectacle des champs qu'anime une brillante culture! que les travaux de l'Agriculture sont agréables & & variés! quel utile emploi du présent, quelle expérience du passé, quelle prevoyance de l'avenir! Tel est l'esprit de prudence & d'économie qui nous fait admirer la nation *des fourmis*, & la sage république des abeilles, filles du ciel. Les premières pillent à l'envi les monceaux du bled nouveau battu; vous voyez leur noir troupeau courir par un sentier étroit; elles vont, elles viennent; celles-ci hâtent les paresseuses; celles-là aident à traîner les grains trop pesans. Tout le chemin en fume; tels les hommes des champs travaillent toute l'année pour le service commun de leurs ingrats concitoyens.

Comme la Nature a mis dans les mouches à miel, je ne sais quel instinct presque céleste, qui les excite à travailler sans cesse, & à recueillir sur les fleurs la savoureuse ambroisie que la Nature y dépose, ainsi le Peuple nous nourrit tous tant que nous sommes, par son

ſon inépuiſable travail ; *& pour nous enrichir, lui-même s'appauvrit* (1). Sire, traitez le Peuple comme on traite l'abeille. On ſe garde bien de lui ôter tout ſon miel & toute ſa cire : on décourageroit ſon induſtrie. Pour entretenir ſon activité, laiſſez-lui ſa part abondante aux fruits de ſon butin. Souvenez-vous, & n'oubliez jamais, que les Rois ne ſont que les Paſteurs de leurs Peuples. Le troupeau n'eſt pas fait pour eux ; ils ne ſont eux-mêmes tout ce qu'ils ſont, que pour notre bonheur. Prenez, on vous l'accorde, & le lait & la laine ; mais ſi vous êtes humain, ſi vous êtes doué de quelque ſageſſe, n'enſanglantez pas le ciſeau qui tond vos douces brebis. Grand Roi, telle eſt la reſtauration que votre Peuple attend de vous, telle eſt celle qu'il eſpéroit de votre auguſte Père, ſi cruellement enlevé à la Patrie qui l'adoroit. *Il eût rappelé l'abondance, il eût fait régner la paix.* La paix vous permettra de réformer les abus qui nous font gémir depuis ſi long-temps ; la paix vous donnera les moyens de régler vos finances,

(1) Vers de Joachim du Bellay, dans la traduction qu'il nous a conſervée du poëme de l'Hôpital.

& de décharger le Peuple de tant d'impôts désastreux qui l'écrasent. Vous aurez moins de Guerriers à entretenir, hélas! & peu de Héros à récompenser.

Surveillez de plus près les mains avides de ces brigands qui font disparoître vos revenus avant même qu'ils arrivent dans vos coffres. Que l'hydre des Partisans perde ses cent têtes; nouvel Hercule, étouffez ce monstre qui s'engraisse de la substance de vos Sujets, & rend impuissant votre amour pour eux. Si le Financier avare ne nous vexe plus arbitrairement, si chacun contribue à proportion de ses richesses, si quelques centaines d'hommes privilégiés (pour le mérite éteint de leurs pères), n'absorbent plus *des millions en graces* (1), tandis que la classe laborieuse est foulée par des impôts sans nombre, & par les atrocités des agens du fisc; si l'on n'accorde plus que des privilèges personnels, & seulement aux inventeurs des arts utiles aux Commerçans

(1) Il y tel Etat en Europe, où il est prouvé que cinq cents particuliers se partagent 25 millions. Cela réduit beaucoup d'hommes à leurs quarante écus.

qui rendent nos bourgs florissans, aux génies bienfaisans qui éclairent les hommes; & surtout, Sire, si vous daignez continuer de régler les énormes dépenses de votre maison, où se donnent encore tant de fêtes coûteuses, tant de banquets fastueux, tant d'offices inutiles & richement dotés, où sont tant de favoris, tant d'intriguans qui vous trompent, qui vous volent, & qui élèvent en peu d'années leurs fortunes scandaleuses sur les débris de la fortune publique; alors, Sire, vous serez proclamé Père du Peuple; ami de l'ordre & de l'équité, vous aurez des autels dans tous les cœurs, c'est-à-dire, votre nom y sera gravé par l'amour, & brillera du même éclat que ceux des *Titus* & des deux *Antonins*. Vous serez aussi cher aux François que Charles-le-Sage, que Saint-Louis & que Charlemagne, tous trois amis du Peuple, tous trois auteurs des plus sages Loix somptuaires.

II.

LA NOBLESSE.

Imitez ces grands Monarques, Sire, & foudroyez le luxe par de pareilles Loix; décriez-le sur-tout par votre exemple : tous les Ordres de l'Etat en seront plus fortunés, & vous béniront comme de concert. Une émulation d'ordre & de simplicité passera de la Cour à la Ville. Le Noble, sur-tout, qui s'efforce de vous imiter par l'éclat extérieur, apprendra que le moyen de se faire connoître ne dépend point de l'habit, mais de la vertu. L'éternelle mobilité de nos modes ne nous représentera plus aux étrangers comme de ridicules Prothées. Ces folles dépenses, ces goûts changeans & ruineux, fruits empoisonnés de nos voyages & de nos conquêtes ſur l'Etranger, ſont des barrières pour l'eſtime de nos voiſins. Ainſi les Soldats d'Alexandre, vainqueurs des Perſes efféminés, ſe rendirent eſclaves des vices des vaincus. Ainſi les Romains eux-mêmes furent amollis par les délices de l'Aſie.

Le Prince modeſte inſpire la modeſtie à toute ſa Cour. Cette aimable vertu eſt toujours la marque d'une grande ame; elle eſt ſur-tout chère au Peuple qu'elle rapproche de ſon Roi. Elle tempère l'éclat du Trône, & prête des graces à la majeſté; les Princes vains & bornés ſe retranchent d'ordinaire dans une gravité faſtueuſe, qui ſert de voile à leur ineptie; tout étoit d'or à la Cour de Midas.

Si la vertu & la ſimplicité règnent dans vos palais avec les bonnes mœurs, c'eſt alors que vous pourrez y faire élever la jeune Nobleſſe, qui ſe conſacre à votre ſervice. Qu'on l'exerce ſous vos yeux à ces actes de proueſſe antique, généreuſe, & qui diſtinguoit nos ayeux. Imitons les Perſes; le Roi choiſiſſoit les jeunes enfans des Seigneurs, & leur faiſoit faire, ſous les plus vieux Capitaines, l'apprentiſſage de toutes les vertus. Avec quels ſoins prodigieux cette ſage nation n'élevoit-elle pas l'héritier préſomptif du Trône? « Après ſa naiſſance, dit Platon, on le donnoit non à des femmes, mais à des hommes de la première autorité près du Roi, *à cauſe de leur vertu*. Ceux-ci prenoient charge de lui rendre le corps beau & ſain, & après ſept ans *le duiſoient* à monter à cheval. Quand il étoit arrivé au quatorzième, ils le dépoſoient entre les mains de quatre Mentors. Le plus ſage, le plus juſte, le plus tempérant, le plus vaillant de la Nation. Le premier lui apprenoit la Religion; le ſecond à être toujours vrai; le troiſième à vaincre ſes cupidités; le quatrième à ne rien craindre; tous à le rendre bon ».

Vous avez lu cette anecdote dans la vie de Lycurgue; ſouffrez que je la remette ici ſous vos yeux. Ce Prince, ou plutôt ce modérateur de la plus impoſante des Républiques, voulant prouver aux ſiens le pouvoir de l'éducation, fit amener dans une cour deux chiens nés de la même lice. Ils avoient été ſéparément élevés, l'un pour la chaſſe, & l'autre pour la cuiſine & parmi les valets.

Il leur fit apporter à manger; & dans le même instant, un loup étant lâché sur eux, on vit le chien veneur quitter sa nourriture & se présenter fièrement au loup. Le poltron au contraire tout occupé de satisfaire son appétit, se garda bien de courir l'ennemi. Il resta sans distraction la tête courbée sur son repas, laissant son camarade parmi ceux qui s'amusoient à l'applaudir (1).

---

(1) C'est aux Princes à juger si leurs Palais, tels qu'ils sont aujourd'hui, sont un lieu bien convenable à l'éducation de leurs enfans, ou même de leurs pages. — Mais si au-lieu de cette modestie & de ces mœurs, dont *L'hôpital* veut qu'on offre le spectacle aux jeunes gens, on n'y voit régner qu'un luxe effréné, qu'une futilité profonde, qu'une licence scandaleuse; si la fureur du jeu, si celle des spectacles remplissent seules les intervalles des festins; si l'on recherche le vil histrion, la courtisanne effrontée, l'artiste qui prostitue son talent, tout en étalant de belles maximes; si l'on ne fait de la morale qu'un vain remplissage de la conversation, tandis qu'on la dément, sans pudeur, par toutes les actions de sa vie; on oublie sans doute que les enfans sont toujours disciples de ce qui les entoure, & que l'éducation des parens & du monde renverse nécessairement celle des maîtres, fussent-ils des Aristote & des Sénèque.

Le Roi d'un Peuple belliqueux tel que le nôtre, doit donc tenir école de courage. Il ne permettra point que le généreux sang de ses défenseurs s'abâtardisse dans l'inertie & & dans la mollesse. Il substituera les Tournois, qu'on délaisse, à ces Comédies qui s'introduisent parmi nous pour nous dégrader & nous corrompre. Un temps viendra peut-être, si le Souverain n'y met ordre, que le François dira comme les Athéniens, *du pain & des Spectacles* (1)! Alors, la honteuse débau-

(1) En vérité, je crois que l'Hôpital étoit doué de l'esprit de prophétie; car nous sommes à cette époque fatale. Je ne répéterai pas ici contre les spectacles ce qu'a dit l'éloquent Génevois : on a cru répondre à ses objections. Mais je défie tout l'esprit de ce siècle subtil & paradoxal d'alléguer une seule raison en faveur des petits spectacles de nos boulevards. Amenez-moi à ces théâtres infâmes un père-de-famille honnête, une bonne mère-de-famille avec sa chaste fille (vous voyez bien qu'ils seront de Province); que d'après le beau principe, *qu'il faut tout voir*, ils arrivent au *Sérail à l'encan* ou à ces pièces poissardes dont l'obscénité est si grossière, si dégoûtante; qu'ils soient témoins des scènes lascives, des maximes perverses, des pantomimes lubriques qu'expriment de petits polissons déjà usés avant la puberté, & de

che chassera l'amour de nos murs. Les faveurs deviendront vénales. Les matrones du plus

---

petites prostituées qui ne descendent du théâtre que que pour venir *raccrocher* sur la promenade : alors vous verrez s'ils attendent la fin de ces horreurs. Le Parisien est familiarisé avec tout cela. On parle tant & des filles, & de leurs tours, & de Nicolet, & des Variétés, *& du Foyer des Beaujolais*, que la plupart des jeunes personnes n'ont plus rien à apprendre, quand elles voient & entendent ces singes de Figaro. Quels sont cependant les fruits de ces apôtres de l'adultère & de la filouterie ? Vous le voyez ; les petites filles du peuple y vont puiser le dégoût du travail & de l'honnêteté. Elles ambitionnent d'être actrices, ou tout au moins figurantes. Elles s'échappent de la boutique paternelle avec le premier garçon perruquier qui les débauche ; & les voilà dans la fange du vice & de la misère. Presque tous ces petits acteurs sont des piliers d'académie, entretenus par des femmes perdues, & ne songeant, dans leurs loisirs, qu'à recruter leurs théâtres ou leurs *entre-sols*. Là vivent pêle-mêle les Mouchards, les escrocs, les joueurs & *les femmes du monde*. Et ce sont ces gens-là qui célèbrent quelquefois la vertu dans des *Drames historiques* ! Vraiment elle est imposante sur de pareils treteaux ! La pièce graveleuse est attendue, applaudie par la canaille : ce sont des claquemens, des rires *inextinguibles* ; mais le pauvre grand nom ne différeront presque plus des viles courtisannes. On fera consister le bonheur à jouir des choses dont les autres seront privés. Les riches se feront peut-être encore un point d'honneur de servir la Patrie, mais leur point d'honneur s'affoiblira de jour en jour; & cependant leur avidité causera une ruine générale. Dieux! écartez ces funestes présages. Laissons à la molle Italie ses arts corrupteurs. Adonnons-nous uniquement au commerce, à l'agriculture, *& à la guerre, si nos jaloux voisins tendent de troubler nos innocentes occupations.*

C'est à la guerre que la Noblesse méritera les privileges que nous leur avons jadis accordés. C'est parce qu'elle se dévoue à notre défense que les Rois vos ayeux, ont voulu, *d'accord avec la Nation*, que les fiefs fussent libres & *francs*. Il falloit bien que le Peuple semât les bleds, & récoltât les fruits pour le

---

Drame ennuie; on bâille, on sort: j'ai vu cela plusieurs fois. Il faut espérer que les réclamations réunies des honnêtes gens & leur persévérance à crier contre ce scandale abominable, l'ôteront enfin d'au milieu d'un Peuple qui se pique de goût & de décence.

Seigneur, puisque celui-ci exposoit sa vie pour ses vassaux ; mais dans ces premiers temps, *ces bénéfices* n'étoient point héréditaires, on ne les entassoit point sur les mêmes têtes. D'abord dépouillé de prérogatives, le nom qu'on recevoit pouvoit être célébré, mais — il falloit ajouter à la gloire qui l'avoit illustré. La gloire en effet, peut-elle n'être pas personnelle ? Peut-elle se transmettre à tous les héritiers d'un grand nom (1) ?

---

(1) Que les Magistratures laissent de la considération à ceux qui les ont exercées : que cette considération passe même des pères aux fils ; c'est ce qui doit naturellement s'établir, par-tout où il y a des hommes qui s'intéressent à la patrie. Il y aura donc des familles plus illustres, parce qu'elles auront donné plus de Magistrats. Mais cette distinction excitera l'émulation sans altérer l'égalité, parce que, dans ces familles comme dans les autres, on ne naîtra que simple citoyen, & que la naissance ne donnera aucun titre, aucun privilége, aucun droit. Telle a été la noblesse chez les Romains. Voyez l'*Histoire moderne de Condillac*, *tom*. 9, *pag*. 179. Mais cette noblesse qu'une famille tient de sa terre, est certainement le plus absurde de tous les préjugés ; elle est aussi le principe de l'inégalité la plus odieuse : car plus ces Nobles inutiles se croient éle-

Cependant que sont devenues ces vertus magnanimes, ces sublimes dévouemens, ce désintéressement héroïque de nos ancêtres ! Ces preux-Chevaliers, qui composoient un Ordre si nombreux & si brillant, comment ont-ils disparu de la France ! On s'étonne de voir si peu redoutables aujourd'hui ces Francs & ces Gaulois, jadis si redoutés de Rome elle-même. Mars a moissonné les plus braves ; la Cour & ses intrigues ont absorbé les plus ambitieux ; le reste, hélas, victime de la débauche, ou végétant dans une orgueilleuse rusticité, habite ces donjons misérables qui, pendant l'anarchie féodale, furent l'effroi de nos contrées barbares (1).

---

vés, plus ils mépriseront les Ordres inférieurs ; & plus ceux-ci se sentent méprisés, plus ils concevront de haine contre la Noblesse. Vous avez vu les Magistrats toujours occupés des moyens d'humilier les Nobles, & quelquefois le Peuple armé pour les exterminer.

(1) *Sous le Gouvernement féodal*, un château fortifié donnoit la noblesse à un brigand auquel il servoit de repaire ; & tant que ce château appartenoit à la même famille, il transmettoit la noblesse des pères aux fils : on naissoit donc noble, parce qu'on naissoit brigand.

Bientôt on ne trouvera plus dans les descendans de nos plus nobles races, ni bravoure, ni foi, *ni respect pour les Dames.* Ils ne savent déjà plus ni vivre ni mourir en héros. Leur ame est toute servile. L'intérêt & la volupté leur ôtent toute énergie physique & morale. Voilà ce qu'ont enfin produit parmi nous ce luxe effréné, ces orgies éternelles. Nos corps se sont énervés : & l'on doit être sans courage lorsqu'on abuse de ses facultés. Que sert la plus intrépide volonté à qui n'a la force ni de gravir un mont éscarpé, ni de bander un arc rebelle aux efforts médiocres, ni de supporter le froid & la faim dans un poste bloqué par les ennemis ?

Cependant, Sire, il en faut faire l'aveu, le François se corrompt quelquefois, mais il ne se déprave presque jamais. A la voix de l'honneur, à la voix de son Maître, il cherche, il retrouve les pénibles sentiers de la gloire. Il aime sur-tout, il adore ses vieux chefs, blanchis dans les combats. Donnez donc votre confiance à ces Vétérans expérimentés : ils aguerriront bientôt ce Peuple autrefois si loyal ; ils lui inspireront ce patriotisme sacré que ne ressent jamais la foi mercenaire d'un soldat étranger. C'est avec ses plus vieux compagnons d'armes qu'Alexandre subjugua l'Orient ; & ce jeune Roi dont la bravoure dompta *Parthénope*, (1). Charles étoit suivi de braves Vétérans qu'avoit formés son Prédécesseur.

Quand les Sociétés commencent à se former, la vertu guerrière, *glorieux brigandage*, est nécessairement la premiere source de la Noblesse. Mais quand la paix & la culture ont ramené la tranquillité, alors les vrais titres d'honneur ont un fondement plus solide. Servir les humains, les éclairer, soulager leurs miseres, multiplier leurs moyens de félicité ; voilà les titres à la vraie noblesse. L'or ni le fer peuvent ils en donner d'aussi respectables ?

Mais comment l'Etat épuisé pourroit-il recompenser les services de ses défenseurs ! Qui se chargera des orphelins & des veuves ? qui, de ces Soldats mutilés à la fleur de leur âge ? — Un Prince humain doit imiter la louable coutume des Athéniens. Ils consacroient

(1) Naples.

les chevaux qui avoient apporté les pierres & le bois pour les temples des Dieux : l'Aréopage ordonnoit qu'il fussent nourris aux frais du Public & les exemptoit de tout travail. Ne pouvez-vous pas, Sire, ordonner la même chose ; donner vos vieux Soldats à l'Eglise ; & conjurer la Religion d'acquitter les dettes de la Patrie (1) ? Que chaque Monastere devienne donc un *Prytanée* ; qu'une vie aisée, abondante & tranquille soit aussi le partage de ceux qui se sont fait mutiler pour maintenir les richesses & la paix de ces saints asyles. Quels Religieux seroient assez barbares pour se refuser à un tel acte de piété ; & s'il s'en trouvoit de pareils, mériteroient-ils d'être tolérés dans l'Etat ?

Deux fléaux accablent ordinairement le Guerrier pendant qu'il combat pour vous ; *la chicane & l'usure* : l'impitoyable usurier lui

(1) Autrefois on recevoit un soldat estropié dans chaque Monastère ; il étoit nourri aux dépens de la Maison. Ces sortes de pensionnaires s'appeloient *oblats*, titre qui répond à celui de *frère-lai*. Pourquoi n'en placeroit-on pas cinq ou six dans chaque Couvent qui auroit plus de dix mille livres de rente ?

prête à gros intérêt l'argent dont il a besoin. Un ambitieux créancier profite de son absence pour envahir sa propriété ; hélas ! pendant que pour son Roi le malheureux cherche une mort honorable, qu'il se bannit de sa maison, & qu'il endure le froid & le faim, on chasse sa femme, on chasse ses enfans de leur retraite paternelle. Il faudra donc qu'à son retour, il vienne mendier son pain dans ces murs qu'il a défendus ! O pudeur ! ô scandale ! Mon Roi ne le souffrira plus : il imitera l'amour d'un pere-de-famille pour des enfans chéris avec égalité. Le plus fort n'outragera pas le plus foible. Le plus astucieux ne trompera jamais le plus innocent ; & *le favori* ne s'armera point de la faveur de son Maître contre le droit & la raison : la justice sera sa règle suprême. Les Princes sont toujours si malheureux lorsqu'ils ne font pas régner les Loix !

III.

LA MAGISTRATURE.

LA justice fait régner les Rois; elle affermit leurs trônes & soutient leurs sceptres. Plus un Despote impose silence aux Loix, plus il devient foible; & les révoltes renaissent comme les têtes de l'Hydre. La justice est fille du Souverain des Dieux : assise auprès de son père, la tête voilée, elle balance dans ses mains équitables les droits & les actions des humains. *Dieu la voit & la consulte*; & d'après ses jugemens sacrés, il rend à chacun ce qui lui appartient. Rois de la terre, images du très-Haut, voilà votre modèle: songez que le vice ne dort jamais.

Sire, en vain vous serez invincible dans les combats; en vain vous agrandirez les terres de votre domination : si vous n'êtes juste, & si vous ne faites garder la justice, votre gloire sera fausse, votre bonheur sera vain, & le Ciel irrité contre vous, ne laissera pas passer votre sceptre à vos enfans. Une race étrangère s'assiéra sur votre trône; & l'on ne rappellera l'histoire de votre règne que pour rappeler le souvenir des calamités que l'oubli ou la suspension de la justice aura déchaînées sur vos misérables sujets. Ouvrez l'histoire, & lisez celle de cet Empire & celle des Peuples anciens : toutes vous prouveront que la paresse & le mépris de la justice ont plus détrôné de Rois que les armes des ennemis. Aimez donc la justice & consultez-en les Ministres. Ecoutez & suivez les conseils désintéressés de vos Magistrats. Ils sont les organes des Loix, les tuteurs de vos Sujets, les amis & les soutiens de la puissance légitime. Les grands Princes & les bons Rois ont toujours révéré cet auguste Sénat. Si le François vouloit entreprendre une guerre, c'étoit là que son Roi venoit prendre conseil; la paix s'y décidoit, l'impôt s'y proposoit, *en attendant l'Assemblée générale.* On invitoit solemnellement ses principaux Memtres aux souverains comices de la Nation. Là, tandis que le Courtisan cherchoit à les rendre suspects, tandis que les fauteurs du despotisme déroboient à leurs regards vigilans leurs innovations ténébreuses ; l'incorruptible Sénat plaidoit la cause du Peuple, *vouloit* l'égale répartition des subsides, & remontroit sagement au Monarque les abus qui s'étoient glissés dans son administration. Oh ! que c'étoit à bon droit que le Prince portoit cette révérence aux Ministres de la Justice ! car nul ne montoit à ce haut degré, s'il n'en étoit reconnu très-digne. L'ardente avarice, l'aveugle ambition, & l'ignorance mère de tous les maux, n'approchoient point de ce sanctuaire. L'or n'en facilitoit point l'accès à la Jeunesse. La Jeunesse est en proie à trop de passions pour être sans préjugés ; elle peut aimer la justice ; mais elle ne sauroit toujours la discerner dans le labyrinthe qui la cache au fond de ses sombres profondeurs. Composé de personnages graves, intègres & instruits, le Sénat de la France étoit souvent l'arbitre des Potentats de l'Europe (1). Minerve elle-

(1) Sous Philippe, le Parlement jugea le Roi

même présidoit à ses assises comme au sein de l'Aréopage ; ses Ministres prononçoient avec l'autorité du Sénat de l'antique Rome, avec la sévérité des Ephores, avec la sagesse de ces vénérables Druides chez qui la fonction de Juge n'étoit qu'un département du Sacerdoce même. O temps, ô mœurs, ô majesté de Thémis, que vos honneurs sont déchus ! que vos Prêtres ont dégénéré de leur ancienne sainteté ! Ils en font eux-mêmes l'humiliant aveu, ils invoquent en gémissant une réforme salutaire.

Mais c'est de votre seule main, Sire, que le Sénat attend cet urgent secours. Retranchez ces membres énormes qui attirent à eux toute la substance du corps, *& ces membres arides & impotens* qui le surchargent. Obligez la Jeunesse à s'instruire, l'extrême vieillesse à se reposer, & les hommes sains de corps & d'esprit à remplir leurs sermens dans toute leur étendue. Non que vos Tribunaux, Sire, ne soient ornés de plusieurs

d'Angleterre ; & son Arrêt, exécuté sur le plus grand vassal, constata ses droits sur tous les autres, (*au moins par le fait.*)

gens de bien ; mais la plus grande partie, il faut l'avouer avec douleur, surmonte depuis long-temps la meilleure, & nous laisse appréhender les plus grands fléaux. Quelque esprit qu'ait un jeune Sénateur ; quelque connoissance qu'il ait des Loix, rien ne peut suppléer en lui la pratique & l'expérience. Autrement il sera semblable au *Médécin* novice qui, dans ses essais, risque la vie de ses malades. Rois, n'élevez au rang de Juges suprêmes que vos Jurisconsultes les plus expérimentés, que les Juges des Tribunaux subalternes, qui se sont fait une haute réputation de prudence & d'humanité. *L'humanité* (1) *est le sixième sens du Magistrat.* Revêtez encore de la souveraine toge ces Avocats éloquens dont le talent courageux aura pris en main la défense de la veuve & de l'orphelin, ou plaidé la cause de la patrie opprimée, & ces publicistes sublimes, dont les livres jetés dans la Nation comme

(1) Ce beau mot de M. Servan sert d'épigraphe à un discours de M. Bergasse *sur l'humanité des Juges*, trop peu connu.

un ferment salutaire, donnent de l'énergie à la masse entière des idées, & préparent en silence les plus heureuses révolutions.

Ayant ainsi peuplé vos palais de Justice, d'hommes intégres, éclairés, intrépides, sans doute vous n'évoquerez point à votre tribunal particulier les causes jugées par vos représentans; sans doute vous ne chargerez point des Commissaires toujours suspects au peuple, de revoir les jugemens de vos Cours souveraines : *ces voies extraordinaires, sans être injustes, laissent toujours un soupçon d'injustice.* Les formes sont la barrière du despotisme. La Nation tremble toujours quand le Monarque les viole.

Enfin, Sire, vous devez quelquefois vous asseoir vous-même sur votre Tribunal de Justice, moins pour prononcer des Arrêts que *pour juger les justices.* Le Peuple aime à voir dans des mains différentes le pouvoir d'arrêter des Loix, & celui de les faire executer. Au reste, vos volontés particulières, pour devenir des Loix, ont toujours besoin d'être sanctionnées par la volonté générale de la Nation librement assemblée.

Réduisez donc son Sénat auguste, à son nombre ancien : si ses départemens sont trop étendus, ils voudront eux mêmes les resserrer & les circonscrire. Frappez d'interdiction tous les juges ou ineptes, ou intéressés, ou trop jeunes. Quiconque a eu la foiblesse d'acheter de tels honneurs, s'arroge le droit d'en trafiquer : chassez de tels *eshontés* de vos Tribunaux. La Justice doit être une émanation libre & gratuite de la Souveraineté ; c'est la dette journalière des Rois, c'est le besoin quotidien de tous les Sujets.

Voyez, Sire, de quels hommes s'entouroient les Justinien, les Théodose, les Alexandre Sévère. La prudence & le savoir distinguoient ces Jurisconsultes profonds, dont les décisions gouvernent encore le monde. Ils doivent être vos modèles. Vous trouverez dans cette studieuse Nation des *pepinières* sans nombre. Plusieurs de vos tribunaux sont des *Aréopages*. Connoissez toutes vos richesses en ce genre, & sachez vous en servir pour le bonheur de vos Peuples. Ne regardez pas comme trop sévère ce Roi qui fit asseoir sur la peau paternelle, le fils épouvanté d'un mauvais Juge. La pitié pour les méchans n'est qu'une barbarie envers les bons. N'oubliez pas que la crainte retient les pervers, & que l'espoir des récompenses nous excite à pratiquer la vertu. Honorez donc cet état auguste; & vos Magistrats l'honoreront. Récompensez la fidélité de vos Conseillers par une confiance sans bornes, & croyez que ceux qui s'exposent à l'exil & au malheur de vous déplaire, ne veulent pas vous tromper. Que votre règne rappelle celui de Trajan; au-lieu de se dire le Maître absolu de l'Empire, cet Empereur se croyoit seulement le premier Magistrat d'un Peuple libre. En armant un Préfet du Prétoire, il lui disoit, *servez-vous de cette épée, pour moi si je gouverne bien, contre moi si je gouverne mal.* Parmi nous, l'autorité du Parlement sera toujours le bienfait d'un Prince vertueux. Que ne devons-nous donc pas espérer de François second & des Guises qui l'environnent?

I V.

LE CLERGÉ.

IL me reste à parler des dernières Tribus de l'Etat (dans l'ordre naturel & politique), les premières cependant aux yeux de la foi : je les place après les autres, parce que leur Royaume ne doit pas être de ce monde. Le Souverain Pontife lui-même ne se reconnoît-il pas le serviteur des serviteurs?

Sire, vous êtes le Roi Très-Chrétien; maintenez donc l'Eglise dans ses honneurs véritables. Souvenez-vous que Dieu donne & ôte à son gré les Couronnes, qu'il peut seul faire d'un Berger un Monarque, & changer la houlette en sceptre. C'est lui qui vous fait régner, c'est lui qui incline en votre faveur le cœur de vos Sujets, c'est lui qui vous élève au-dessus d'eux par leurs suffrages réunis. Soyez pieux & protégez le culte de vos pères. Il vous importe de maintenir les dehors augustes de la Religion & l'unité de sa doctrine, qui soutiennent eux-mêmes le Trône de Clovis, de Charlemagne & de Saint-Louis. Vos illustres ancêtres ont été les premiers dépositaires de la foi : vous devez en être le premier défenseur. C'est l'indifférence pour la Religion qui a précipité du Trône tant de Rois, vos voisins & vos alliés! Ils n'avoient pas prévu qu'on ne respecte guère le joug politique, lorsqu'on est parvenu à secouer les chaînes religieuses. Vous aurez donc, Sire, un zèle de prévoyance, & non un esprit de persécution. Laissez la liberté aux consciences; mais ne souffrez pas qu'on attaque publiquement le culte public de vos Etats; vous affermirez votre autorité en affermissant l'autorité de la Religion; mais distinguez bien les intérêts de Dieu, des intérêts de ses Ministres. Défiez-vous de l'esprit d'intrigue, d'avarice & d'hypocrisie qui les fait agir trop souvent. Jugez-les par les fruits, par les actions & non par de vains discours mystiques, dont ils rient entre eux, comme les charlatans de leurs fables populaires. Ne respectez que ceux qui pratiquent sincèrement la piété, comblez-les d'hommages & de respects, mais rarement d'honneurs & de richesses. Dès-qu'ils abandonnent le ministère des Autels pour celui de l'Etat, ils lui font des plaies incurables (1). Voyez leurs usurpations sur les Princes Germains; voyez autour de l'Hercinie des Moines Souverains, & des Prêtres monter à l'Autel, précédés du glaive. Là, les humbles successeurs des Apôtres marchent orgueilleusement les égaux de César (2).

---

(1) L'Auteur de ce poëme prépare l'Histoire Philosophique *du Ministère politique des Prêtres en France.* — Voyez le chapitre *de l'esprit prêtral* dans les discours de *Hume.*

(2) Le Lecteur ne nous saura peut-être pas mauvais gré de citer ici, ne fût-ce que pour le distraire, une tirade de vers, extraite d'une Epître de M. Ber.... *sur l'usage où sont les François de porter l'épée*; Epître qui court la Société, & n'est encore que manuscrite.

. . . .

L'*Eglise*, nous dit-on, douce & modeste, *abhorre*
Et l'homme sanguinaire, & l'homicide acier....
Pourquoi donc ai-je vu le Pontife guerrier

Hélas! qu'eſt devenu le temps où les Paſteurs fervens des Egliſes, humbles & pauvres comme les premiers Diſciples, ſoupiroient après le martyre pour prix de leurs

---

Aux rives du Danube, aux Cités d'Heroinie,
Monter à l'Autel même armé d'un fer impie ?
Des lances, des fuſils entourent *un Paſteur* !
Il bénit avec faſte un Peuple adorateur !
A ſes doigts alongés une améthiſte brille.
Un idolâtre encens *pour lui* fume & pétille !
D'indignes Chevaliers le ſuivent humblement
Portant les longs replis du ſacré vêtement,
Et devant le Prélat un Hérault tient un glaive
Qu'aux yeux d'un Dieu de paix ſans pudeur il élève.
O ſacrilége abus ! ô ſpectacle odieux !
L'humble Piété pleure en détournant les yeux.
Tels au temps de Henri parurent tous ces traîtres,
Ces pieux bataillons de Bonzes & de Prêtres,
Qui, reſſerrant d'un ſabre un froc ſouillé de ſang,
Promenoient dans Paris leur fanatiſme ardent.
Miniſtres des Autels, dépouillez ce coſtume :
Il retrace des Goths la barbare coutume,
Votre Maître l'a dit; ne l'oubliez jamais :
Vous n'êtes, parmi nous, que des Anges de paix.
D'un pouvoir uſurpé quittez enfin la marque,
Le Ciel eſt au Pontife, & la Terre au Monarque.
Et vous, Rois, levez-vous. . . . . . . &c.

travaux évangéliques ! Leur doctrine étoit pure comme leurs mœurs ; ils prêchoient d'exemple, & leur vie entière n'étoit qu'une longue vertu ! Comme le sel de la terre s'est affadi ! Comme le corps de l'Eglise est devenu débile & hideux ! Sa dépravation change tous ses alimens en poisons ; elle n'a plus ni santé ni vigueur, & sa vieillesse semble toucher à la caducité la plus décrépite.

Tu te nommes Pasteur, toi, qui ne prends aucun soin du troupeau qu'on t'a confié ; toi, qui le livres à d'ignorans mercenaires ; toi, qui n'apparois dans tes bergeries que pour les appauvrir, que pour les dévorer ! Toi...., Pasteur ! tu n'es qu'un loup ravisseur. Connois-tu les désordres qu'entraîne l'oubli que tu affectes de l'esprit de ta profession ? Tes mœurs toutes séculières, toutes profanes, te confondent avec les plus mondains. Ta molle oisiveté, tes voluptés secrètes, ton ignorance profonde, tes discours où l'incrédulité se mêle à l'hypocrisie, scandalisent jusqu'aux impies. Tais-toi ; ne parle pas, n'écris pas, sur-tout : le style affecté de tes instructions *périodiques* me fait autant de pitié que ta personne me cause d'horreur. Jadis, les bons Prélats, les vrais Pasteurs résidoient au milieu de leurs ouailles; ils les connoissoient toutes, ils les menoient eux-mêmes aux pâturages; c'est-à-dire, ils n'abandonnoient jamais leur Eglise. Ils montoient souvent en chaire pour leur rompre le pain de la parole céleste; ils étoient vêtus modestement; la soie & l'or n'éclatoient point sur leurs habits. Leurs maisons n'étoient pas le rendez-vous des oisifs d'une ville & des femmes les plus mondaines. Ils venoient rarement dans la Capitale, & rarement à la Cour des Rois. Ils n'avoient pas ces brillans équipages, ces esclaves bigarrés de couleurs serviles, ces chiens, ces chevaux qui les annoncent avec tant de fracas & d'indécence. Leur table est aujourd'hui servie avec plus de délicatesse que celle des Publicains & des Satrapes de Perse. Après leur repas, une musique efféminée charme leurs lourdes oreilles, amollit leur cœur & les dispose, sur l'édredon de la volupté, au sommeil léger des Sybarites & des Laïs asiatiques. Ils ont plus de revenus qu'il n'en faudroit pour doter cent familles, & ils viennent sans pudeur, *au mépris des loix de l'Eglise*, mendier de nouveaux bénéfices chez les aveugles distributeurs des graces. On leur accordoit jadis la dîme des fruits de la terre, lorsque la seule charité des Fidèles pourvoyoit à leur subsistance; & aujourd'hui qu'ils possèdent les bois avec leurs habitans, les hameaux avec leurs campagnes, les prés avec leurs troupeaux, ils osent encore percevoir ces dîmes primitives, & en font retomber la charge la plus pesante sur les vénérables Curés qui portent le poids du jour & de la chaleur. Sire, les Curés sont les premiers Ecclésiastiques de votre Royaume; ils sont les plus utiles, les plus estimés & les moins récompensés. La plupart, dans les Provinces reculées de la Capitale, n'ont pas de quoi soutenir leur misérable existence, eux qui doivent être en état de secourir tant de malheureux. Otez, ôtez aux Chanoines oisifs une partie de leur *superflu*, pour accorder le *nécessaire* aux Recteurs des ames. Soutenez un Ordre qui est un des plus grands bienfaits de notre sainte Religion. « Dans les villes, ce sont eux seuls qui ont le droit d'émouvoir les entrailles du riche, & d'*avoir un zèle au-dessus de ces timides bienséances qui glacent la sensibilité*; dans les campagnes, où ils sont si opprimés par cette perversion de l'ordre & de la justice que je déplore dans ce discours, souvent ils acquittent seuls la dette sacrée *dont tous les biens de l'Eglise sont grévés envers l'Etat & envers les pauvres ; ils sont les amis de tous les malheureux & les Docteurs des simples* ». Et les premiers Pasteurs sont presque tous livrés à la mollesse & à l'insensibilité. Ils vivent comme s'ils devoient mourir tout entiers ; ils meurent, croyant s'absoudre d'une vie d'opprobre, par quelques pratiques superstitieuses. De fastueux mausolées, où le marbre & l'airain rougissent des mensonges dont un bas flatteur les surcharge, transmettent à la postérité leurs noms méprisables ; peut-être même un impudent Orateur viendra mentir à l'Eglise assemblée (& à son propre cœur), & donner pour le modèle des bons Pasteurs celui qui fut la honte & le scandale de l'Episcopat : tel héros, tel panégyriste. Mais l'indignation violente que m'inspirent tant d'abus, me transporte peut-être hors de moi-même & de mon sujet ; j'y rentre en conseillant au Prince qui voudra régner heureusement, *de lier ces quatre Etats*, comme l'Auteur de la Nature en a lié les quatre élémens. Le Prince doit être la providence sensible

ſible de ſes Peuples, le principe de l'harmonie ſociale, & comme l'eſprit qui fait penſer & mouvoir ce vaſte corps politique. Il doit être le protecteur de nos propriétés & l'auteur de notre liberté, s'il veut long-temps conſerver ſes droits. Il ſe ſouviendra que la tyrannie ſe détruit toujours par elle-même; que tous les *Souverains deſpotes* ne travaillent qu'à leur ruine; qu'il faut qu'ils deviennent enfin auſſi mépriſables qu'ils étoient odieux; qu'alors le Peuple oſe ſonger aux moyens de ſortir de l'oppreſſion, & qu'il en ſort triomphant. Sire, vous n'avez beſoin, pour bien gouverner, que de raſſembler toutes les lumières éparſes *dans vos Provinces* : livrez-vous à la ſenſibilité de votre ame, ſi paſſionnée pour notre bonheur. Que les aſſemblées de votre Peuple reſſemblent à ce champ de Mars dont *Charlemagne* étoit l'âme.... Et vous, François, que le bien public, que la concorde vous animent; ne vous aſſemblez pas pour oppoſer des intérêts particuliers à des intérêts particuliers. Souvenez-vous du règne de notre *Roi Jean* : ſous ce Prince foible, qui ne ſavoit ni ſe paſſer des Etats, ni en tirer aucun avantage, tout dégénéroit en factions; & l'autorité, en butte à tous les partis, s'affoibliſſoit *en les voyant cependant s'attaquer & ſe détruire les uns les autres.*

Enfin, que vous dirai-je, Sire ? .... aimez les Sciences & les Arts : c'eſt par-là qu'un Roi tire ſon Peuple de la barbarie, & qu'il le fait triompher de l'oubli. C'eſt par-là qu'il le rend digne de ſervir de modèle aux ſiècles futurs, & *digne d'être étudié* (1) par les Sages & par les Artiſtes de tous les temps. *C'eſt Charles, c'eſt François* qui ont poli la rudeſſe de nos aïeux. Emules d'Auguſte & de Péri-

(1) » La Nation la plus digne d'être étudiée, ce n'eſt pas celle qui fourniroit le plus de gens d'eſprit, de Décorateurs, de Danſeurs, de Cuiſiniers parfaits : l'œil de la raiſon s'attacheroit à celle qui ſeroit gouvernée le plus ſagement, dont les Citoyens, ſans être affligés ni de l'eſprit de ſervitude, ni du fanatiſme des nouveautés, trouveroient dans un travail libre, une propriété certaine & une aiſance que n'altéreroient jamais les beſoins du Gouvernement, que ne tourmentent ni les impôts, ni la guerre, ni le luxe des Riches, ni les innovations ſyſtématiques, & qui, bien vêtus, bien logés, bien nourris, eux & leurs familles, ne ſeroient jamais troublés dans la jouiſſance du premier bien de l'homme ſocial, la ſécurité. *M. Mallet du Pan.*

clès, ces grands Rois ont rendu Paris la rivale de Rome & d'Athènes. Les Princes Lorrains ont été nos Mécènes auprès de vous. Votre auguste Epouse a recueilli Minerve que l'ignorance alloit chasser du monde; les Lettres sont ressorties du cercueil où elles avoient été ensevelies pendant tant de siècles; & nous avons appris, en nous éclairant, vous, Sire, à régner avec sécurité, & nous, à aimer des loix dont vous faites gloire de n'être que le premier Sujet.

PRIERE AU ROI (1).

» DEUX bons Génies veillent sur votre Trône : le Génie de la Nation, & celui de M. Necker. Sire, ils sont faits pour votre vertu; qu'Elle s'y confie ».

---

(1) *Ces prières, tirées de la brillante brochure de M. Cer...., intitulée :* Mémoire pour le Peuple François, *m'ont paru terminer si heureusement le Poëme imité du latin de l'Hôpital, que j'ai cru devoir en couronner cet Ouvrage.*

Prière au Tiers-État.

» La Philoſophie a travaillé pour vous : ne la faites pas repentir. Gardez-vous de ſubvertir l'ordre ancien, ou d'intervertir l'ordre moderne. Ne troublez pas une révolution qui ſe fait d'elle-même, en la prématurant. L'épée & la violence ont forgé plus de fers qu'elles n'en ont briſé. Attendez tout de deux forces également victorieuſes & pacifiques : la force des choſes, & celle des lumieres. Enfin les fondemens de la Monarchie ſont à découvert : il ne s'agit pas de nous enſevelir ſous ſes ruines, mais de la relever «.

Prière à la Nobleſſe.

» Le temps vous a donné la premiere place dans l'opinion publique, *& la force*, le premier rang dans la propriété. Renouvellez tous vos droits en les épurant : inféodez vos titres à la Chambre Nationale, & ſéparez enfin les fruits du deſpotiſme, de ceux de la liberté «.

Prière aux Magiſtrats.

» La balance n'eſt pas le ſceptre, mais elle ſert à l'affermir. Les corps phyſiques ont du poids en raiſon de la maſſe & de la vélocité ; les corps judiciaires, en raiſon de la maſſe & de la lenteur ou de la modération. Vous arrêtez la nouveauté qui creuſe des abîmes : craignez la précipitation qui s'y jette ; ne rendez pas une renommée antique, ſuſpecte ; ni un zele libérateur, dangereux «.

Prière au Clergé.

» La Religion vous donne les richeſſes que lui a prêtées la Patrie : reſtituez à la Patrie ce qui eſt de trop à la Religion. Les Paſteurs des hameaux ont tout le travail apoſtolique : les Paſteurs des Diocèſes ont toute l'opulence mondaine ; faites, non pas un échange, mais un partage «.

DISCOURS
D'UN PLÉBÉIEN DAUPHINOIS
AUX LABOUREURS ASSEMBLÉS;

(*Servant de complément à la quatrième Partie du Poëme de l'Hôpital*).

Je vous avoue, Messieurs, que quand je compare le Clergé de nos jours avec le Clergé de l'Eglise naissante, mon imagination se révolte.

Vous le savez, Messieurs, & l'Evangile vous l'apprend, notre divin Législateur est né dans une étable. Pendant qu'il resta sur la terre, il donna l'exemple de l'humilité : son Royaume, suivant lui, n'étoit point de ce monde; il enseignoit & pratiquoit la communauté des biens : ses Disciples se firent long-temps un devoir de l'imiter. Tous les Fidèles ne formoient qu'une famille ; ils étoient alors frères. Que les temps sont changés ! Si Jesus-Christ apparoissoit maintenant dans nos Temples, qu'il arrivât au moment où nos Pontifes, assis, comme des idôles, dans un fauteuil posé sur une estrade surmontée d'un dais, se laissent déshabiller & revêtir, comme une poupée, des habits pontificaux ; qu'il entendît cette musique bruyante, & qu'il vît ce cortége pompeux qui ressemble plutôt à un opéra qu'à la célébration de nos saints mystères : n'en doutez point, Messieurs, prenant un fouet à la main, il tomberoit sur eux à grands coups, & les chasseroit, comme il chassa autrefois les Juifs qui étaloient leur marchandise dans la maison du Seigneur. « Profanes, leur diroit-il, » je n'avois pas de quoi appuyer ma tête ; » & vous, vous n'êtes qu'embarrassés de » choisir sur quoi vous reposerez la vôtre : » je n'avois qu'une couronne d'épines ; & » vous, vous avez emprunté des Phrygiens, » peuples voluptueux & idolâtres, l'ornement » de la mitre d'or : je n'avois qu'une robe » de laine ; & vous, vous êtes couverts de

» draperies, de ſoies, de broderies & de
» dentelles; vos doigts ſont chargés de dia-
» mans : je n'avois qu'un roſeau; & vous,
» vous avez un bâton précieux, que vous
» appellez croſſe : je marchois nud-pieds;
» & vous, vos pieds ne peuvent pas vous
» porter; vous vous faites traîner dans des
» chars brillans : je n'avois pour monture
» qu'un âne; & vous, vous avez dans vos
» écuries & dans vos haras de ſuperbes cour-
» ſiers & des étalons : je vivois frugalement
» avec ceux qui ſuivoient ma doctrine; &
» vous, vous vivez avec ſenſualité, avec
» délicateſſe, & n'admettez à vos repas,
» qui ſont des feſtins, que ceux dont la pré-
» ſence peut flatter votre amour-propre : je
» n'avois qu'une chaumière; & vous, vous
» avez des palais, des châteaux, des jardins,
» des parcs; par votre oſtentation vous écra-
» ſez la ſurface & étouffez la fécondité de
» la terre : j'étois le père des pauvres, & je
» me faiſois honneur d'être le premier pauvre;
» & vous, qui poſſédez toutes les richeſſes,
» vous mépriſez les pauvres, vous feriez fâ-
» chés de retrancher de votre ſuperflu, pour
» ſoulager leur misère; peut-être même gar-

» dez-vous une portion des aumônes qu'on » vous confie pour eux : j'étois le serviteur » des serviteurs ; & vous, vous êtes des » Monseigneurs, des Eminences, des Gran- » deurs, des Révérendissimes & Excellen- » tissimes : j'avois le sang en horreur ; & » vous, vous êtes hauts, moyens & bas ju- » sticiers, vous avez des piloris, des four- » ches patibulaires ; vous chassez & tuez la » bête fauve : je voulois qu'on rendît à César » ce qui appartient à César ; & vous, vous » refusez de venir au secours de César, qui » vous a comblés de bienfaits : je ne m'oc- » cupois que de la conduite des âmes ; & » vous, vous abandonnez cette conduite à » des mercenaires ; vous ne songez qu'à in- » triguer & a faire des cabales ; le temporel » absorbe toutes vos facultés : je nourrissois » du pain de la parole ; & vous, vous en- » tretenez des courtisannes, & vous faites » remplacer par des prédicateurs. Perfides, » ma morale n'est pas reconnoissable : vous » vous intitulez Evêques par la grâce de mon » Père ; & chacune de vos actions est un » blasphême contre son nom. Insensé ! tu » exhortes à la patience, quand tu ne veux

» pas souffrir, quand tu as toutes tes com-
» modités? Tu déclames contre le luxe,
» quand tu affiches un luxe insultant; tu
» recommandes la charité, quand tu es
» inexorable, & que ton cœur est de marbre.
» Vois, vois les maux que tes dérèglemens
» causent, les sectes qui déchirent mon sein;
» les progrès de l'irreligion; la vertu bannie
» ou persécutée.... Va, le jour de ma ven-
» geance est arrivé; la voix du Peuple est
» ma voix ».

C'est ainsi, Messieurs, que s'exprimeroit le Fils de l'Eternel, mort pour nous sur la croix; & s'il est vrai, comme vous ne pouvez en douter, que les Ministres des Autels soient tels que je viens de les représenter, est-ce renverser le Corps du Clergé que de le ramener à son origine? A quoi sert cette multitude d'Evêques qui ne résident pas, & qui n'exercent aucune fonction, cette multitude de Chapitres, de Collégiales, de Prieurés, d'Abbayes, de Couvens, qui ne sont que des retraites pour l'oisiveté, & qui nuisent à la propagation? Des Pasteurs, des Pasteurs, voilà tout ce qu'il nous faut.

Vous vous le rapellez peut-être, Messieurs;

ce sont des Pasteurs qui ont converti nos ancêtres. Hélas ! en embrassant le christianisme, nos ancêtres étoient loin de penser que du nombre des ces Pasteurs bienfaisans & charitables sortiroient des loups dévôrans. Il est temps de mettre un terme à leur avidité insatiable, de les ramener à leur premier état.

Mais, dira t-on, pour les ramener à l'état de Pasteurs, il faudra prendre leurs biens : c'est toucher aux propriétes; ils ont la possession.

Messieurs, ne vous y trompez pas : le Clergé n'a rien; les biens dont il jouit ont été donnés à l'Eglise; ce sont les Fidèles qui constituent l'Eglise; ce sont donc les Fidèles qui sont propriétaires; les Fidèles forment le Corps de la Nation. Donc les biens de l'Eglise appartiennent à l'Etat. Peut-on, Messieurs, en faire un meilleur usage que de les appliquer à ses besoins? .... Pourquoi les biens ont-ils été donnés à l'Eglise? C'est parce que l'Eglise désignoit tous les Fidèles & que tous les Fidèles étoient entre-eux en communauté de biens; c'étoient les Clercs qui les administroient ; les Pasteurs se seroient fait scrupule d'y mettre la main.

Tant que cette communauté à duré, il étoit tout naturel que les biens restassent à l'Eglise, puisque tous les Fidèles en profitoient; mais insensiblement cette communauté a été restreinte, supprimée ; les Fidèles en ont été exclus ; Clergé s'est emparé de tout, sans en donner aucun partage.

Bien plus, chaque Pasteur, qui a pris depuis le titre d'Evêque, avoit avec lui un nombre d'Ecclésiastiques pour l'aider à soutenir le poids du ministère ; ce sont ces Ecclésiastiques qui sont devenus Chanoines. Ils exerçoient, dans l'étendue du Diocèse, les fonctions curiales, & vivoient fraternellement avec l'Evêque ou Pasteur, du produit de la mense du Diocèse. On ne payoit pas, dans ce temps-là, les Sacremens.

L'entretien de ces Ecclésiastiques étoit déjà une charge incommode ; leur nombre cependant étoit insuffisant à la ferveur des Chrétiens. De-là l'établissement des Curés, qui devinrent une nouvelle charge.

Telle est la naissance du second Ordre du

Clergé : alors les Eccléſiaſtiques qui accompagnoient l'Evêque ſe tinrent auprès de lui, & s'érigèrent en Chapitre ; la communauté régnoit encore entre le Chapitre & l'Evêque ; l'Evêque n'étoit que le premier de ſes égaux ; mais déjà l'Evêque avoit attribué à lui & à ſon Chapitre, tous les biens donnés à l'Egliſe de ſon Diocèſe, qui appartenoient à tous les Fidèles qui en dépendoient, & qui devoient être employés à ſoutenir tous les Eccléſiaſtiques néceſſaires pour l'exercice de la Religion dans toute ſon étendue.

Pendant quelques ſiècles l'union & la concorde ſe maintinrent entre l'Evêque & le Chapitre ; mais l'amour des richeſſes corrompt tout : on imagina la diviſion des menſes ; la menſe Epiſcopale, la menſe Chapitrale. C'eſt le dernier état des choſes.

Cette diviſion de menſe eſt bien, Meſſieurs, le comble de l'injuſtice. Concevez-vous que l'Evêque à lui ſeul ait pris les deux tiers, & que le Chapitre, composé de vingt Eccléſiaſtiques ou Chanoines, plus ou moins, ſe ſoit contenté d'un tiers ? C'eſt cependant ce qui eſt arrivé.

Il en eſt de même dans les Abbayes.

Et l'on balanceroit un inſtant à faire rentrer tous ces biens, ou une bonne partie, dans la ſociété d'où ils ſont ſortis, & à laquelle ils appartiennent inconteſtablement ?

Non, Meſſieurs, ce n'eſt point attaquer les propriétés, que de toucher aux biens de l'Egliſe. Le Clergé n'a point de propriétés ; il eſt incapable de poſſéder : il n'eſt qu'adminiſtrateur ; lui-même ne ſe regarde que comme uſufruitier. Il ne peut invoquer ſa poſſeſſion ; c'eſt pour vous qu'il a poſſédé : il ne peut oppoſer la preſcription ; vos droits ſont imprescriptibles : on ne preſcrit point contre le Peuple. Dites-moi, Meſſieurs, qu'eſt-il beſoin qu'un Evêque, ou autre Bénéficier, jouiſſent de cent mille écus de revenus, ou, ſi vous voulez, de 50 mille livres ? Qu'eſt-il beſoin qu'ils étalent le faſte & l'opulence, lorſque le pauvre Cultivateur eſt dans la miſère ? Qu'eſt-il beſoin que leurs tables ſoient couvertes de mets exquis, que les vins les plus recherchés y coulent avec profuſion, quand des pères-de-famille ont à peine du pain & de l'eau ? Qu'eſt-il beſoin d'accumuler pluſieurs Bénéfices ſur une même tête ? cela n'eſt-il pas contraire aux Canons ? Qu'eſt-il beſoin de leur laiſſer des immunités & des franchiſes, lorſqu'ils en font un ſi étrange abus ? Toutes immunités & franchiſes ne bleſſent-elles pas l'égalité qui doit régner entre tous les membres d'une même famille ? Un père doit-il avoir de la prédilection pour quelques enfans, au préjudice des autres ? & à quel titre le Clergé viendroit-il revendiquer les franchiſes & immunités ? Quels ſervices a-t-il rendus ? quels ſacrifices a-t-il faits ? à quels périls s'eſt-il expoſé ? Si j'ouvre ſes Annales, je ne vois que des horreurs. Il a perſécuté nos Rois ; il en a fait deſcendre du Trône ; ſa cupidité a fait couler des ruiſſeaux de ſang : c'eſt malgré lui que le grand Henri eſt parvenu à la Couronne. Henri ! Je me tais ; je craindrois d'en trop dire. Qu'eſt-il beſoin d'affranchir le Clergé des charges publiques, quand il tient toutes les richeſſes dans ſes mains ? Pourquoi ne contribueroit-il pas comme tous les autres Sujets ? n'eſt-il pas Sujet lui-même ? La protection du Roi, ſes ſoins paternels, ne s'étendent-ils pas ſur lui comme ſur vous,

Messieurs? Elevez-vous avec force contre tous les abus que je viens de vous indiquer. Ce n'est point, je le répète, vouloir détruire ni renverser le Clergé, c'est déraciner ses vices, c'est le rendre ce qu'il étoit, ce qu'il doit être.

AVIS

A MONSIEUR NECKER.

Ce nom dit plus que beaucoup d'éloges. Il lie mon Ouvrage à d'importans ſouvenirs de la Poſtérité; à celui d'un homme que la retraite a encore agrandi; à celui d'un Miniſtre qui força le reſpect de l'Europe, & qui, après avoir déployé, pendant une trop courte Administration, tous les forces du génie, & montré toute la puiſſance de la vertu, eſt encore, par les lumières qu'il répand, le bienfaiteur du Peuple qu'il a voulu rendre heureux.

CHAPITRE PREMIER.

Des Evêques, des Curés & des Collégiales.

TOUT Reſſort en Adminiſtration, eſt néceſſairement bon ou nuiſible. Bon, on ne doit pas ſouffrir qu'il ſe relâche; nuiſible, on ne doit pas héſiter à le détruire. L'expérience de tous les ſiècles, l'hiſtoire de tous les Peuples, nous apprennent que le reſſort de la Religion a toujours eu la plus grande puiſſance; mais cette puiſſance a-t-elle agi pour établir & maintenir l'ordre dans les ſociétés, ou pour y obſcurcir les lumières de la ſaine raiſon, & y répandre, à la faveur des ténèbres, le trouble & la confuſion? Je n'eſſaierai pas de réſoudre cette importante queſtion, que le ſimple bon-ſens peut cependant décider, quoique chez toutes les Nations dégénérées, on ait entaſſé les ſophiſmes les plus propres à l'environner de nuages. Portons-la, non au Tribunal d'un Théologien intéressé ou fanatique, mais à celui d'un Philosophe véritable. Ecoutons Montesquieu : *Je crois*, dit-il, *que la secte d'Epicure, qui s'introduisit à Rome sur la fin de la République, contribua beaucoup à gâter l'esprit & le cœur des Romains. Les Grecs avoient été infatués avant eux : aussi avoient-ils été plus tôt corrompus. Outre que la Religion est le meilleur garant qu'on puisse avoir des mœurs des hommes ; il y avoit cela de particulier chez les Romains, qu'ils mêloient quelque sentiment religieux à l'amour de la Patrie.* (Causes de la grandeur & de la décadence des Romains).

Montesquieu ne se contente pas d'établir, d'une manière aussi positive, son sentiment sur la nécessité d'une Religion ; il l'appuie par les autorités les plus respectables & les plus fortes.

Cynéas en ayant discouru (de la secte d'Epicure), *à la table de Pyrrhus, Fabricius souhaite que les ennemis de Rome pussent tous prendre les principes d'une pareille secte.* (Plutarque, vie de Pyrrhus, note de Montesquieu).

Si vous prêtez aux Grecs un talent, avec

dix promesses, dix cautions, autant de témoins, il est impossible qu'ils gardent leur foi; mais parmi les Romains, soit qu'on rende compte des deniers publics, ou de ceux des particuliers, on est fidèle, à cause du serment qu'on a fait : on a donc sagement établi la peine des enfers; & c'est sans raison qu'on la combat aujourd'hui. (Polyb. liv. 4, autre note de Montesquieu).

Si les plus sages d'entre les Romains, au milieu de leurs Divinités sans nombre & contradictoires, ont senti que leur Religion, sans doute émanée de cette loi primitive que Dieu même donna aux premiers hommes, mais qui se défigura quand la Tradition se perdit, & qui devint absurde quand toutes les superstitions des imaginations égarées ou foibles la dénaturèrent; si, dis-je, les plus sensés des Romains & des Grecs sentirent que les grandes associations ne pouvoient se maintenir sans le secours de ces Religions défectueuses, comment les Gouvernemens modernes ne comprendroient-ils pas qu'ils peuvent tirer leur principale force d'une Loi qui n'a besoin que de sa morale simple & sublime, pour démontrer qu'elle est la Loi d'un Dieu ?

Le stoïcisme suffit autrefois pour faire de bons Empereurs. Le christianisme seul peut détruire les vices d'une Nation entière, lui donner des vertus ; & pour rendre heureux un Empire, il ne faut que le faire régner, avec sa pureté originaire, dans tous les Ordres de l'Etat.

De ce principe, trop certain pour que je m'arrête à le prouver, dérive une conséquence également certaine, qui est que le christianisme faisant nécessairement la sûreté & le bonheur d'une Nation, ne fût ce que par des motifs purement humains, ceux qui la gouvernent, doivent le maintenir dans toute son intégrité ; mais seulement dans son intégrité. Le moyen le plus sûr qu'ils ayent pour y parvenir, est de ne confier le ministère apostolique qu'à des hommes qui, par leur sagesse, leurs mœurs, leurs vertus, le fassent respecter (1).

---

(1) La raison, avec moins de force, à la vérité, qui doit déterminer le Souverain à ne choisir pour Evêques que les hommes les plus vertueux, doit

Si le crédit, la protection, l'intrigue font les Evêques; des Pasteurs sans sollicitude verront bientôt se dissiper leur troupeau, & le troupeau sans gardien ne tardera pas à languir. Cependant le Peuple a le droit d'at-

---

aussi l'engager à n'accorder les Abbayes qu'au mérite, & lui faire souhaiter que les Abbés y résident. Je le répète : pour son propre intérêt, il ne peut trop multiplier les protecteurs des habitans de la campagne. Un moyen sûr de leur en donner, est de faire vivre parmi eux les riches Bénéficiers. Eloignés du faste des Villes, ils seroient forcés de céder à la sensibilité, & de s'abandonner au desir d'écarter la misère de leur séjour. Alors cesseroient ces plaintes trop amères contre les richesses du Clergé, mais peut-être bien fondées, si ces richesses sont détournées de leur destination véritable.

J'avoue qu'il me paroît difficile de ne pas pardonner un peu d'humeur à l'honnête homme forcé de parcourir les rues de Paris à pied, quand il se sent éclaboussé, ou qu'il court le risque d'être écrasé par la voiture rapide d'un bénéficier qui vient de dîner chez une jolie dame, ou qui va souper chez une autre. Ne lui seroit-il pas permis de souhaiter que le carrosse qui le couvre de boue, ou le fait craindre pour sa vie, fût converti en argent pour les pauvres du Canton qui a fourni de quoi le payer?

tendre des soins de ses Pontifes : quand ils ne les lui donnent pas, ils le privent de sa propriété la plus sacrée ; ils lui doivent, dans tous les temps, leur présence, & par eux-mêmes, & par leur Clergé, l'instruction ; ils lui doivent une surveillance continuelle, qui préserve ses mœurs, qui prévienne les maux, autant qu'il est possible, & les répare quand il n'y a pas eu moyen de les empêcher ; ils lui doivent des soulagemens efficaces dans ses besoins, des consolations puissantes dans ses peines, des secours abondans, & des sacrifices entiers dans ses calamités ; ils lui doivent, sur-tout, une conscience qui ne trompe pas les Pontifes eux-mêmes sur l'immense étendue de leurs obligations ; cette conscience qui guida toujours le respectable Belzunce, & en fit l'Ange des consolations, au milieu des terribles ravages de la peste de Marseille ; cette conscience qui rendit Fénélon le meilleur, le plus tendre des pères, pour tous les habitans du diocèse de Cambrai ; qui conduisit si souvent dans les cabanes, l'un des plus beaux génies de la Cour de Louis XIV, pour n'y parler que le simple langage des hameaux ; cette conscience, enfin, qui inspiroit toutes les actions d'un Prélat que Dijon regrettera sans cesse, & qu'Auch bénira toujours.

L'esprit du christianisme est une charité vive, agissante & tendre. Ils veut que les hommes soient les uns pour les autres des frères, & que les Pontifes ayent non seulement le zèle apostolique ; mais il veut encore plus, qu'ils ayent la sensibilité paternelle. Cet esprit, le plus parfait de tous, puisqu'il tend à l'union & au bonheur général, est sur tout favorable au Peuple, à qui il assure de la protection ; & aux Gouvernemens, à qui il donne la certitude que le Peuple, jamais abandonné, ne tombera jamais dans l'excès de sa misère, & que par conséquent ils peuvent, sans crainte de l'accabler, exiger les secours nécessaires.

En administration, le bien qu'on fait est promptement récompensé par le bien qu'il produit. Il est aisé d'imaginer les avantages qui résulteroient du bon choix de deux cens hommes dispersés dans toutes les parties du Royaume, qui doivent être les organes de la Divinité par leur caractère, & ses images par leurs bienfaits. Dans des diocèses moins vastes que ceux qui sont trop étendus, & moins bornés que ceux qui ne sont composés que de quelques paroisses, ils seroient des guides sûrs, des anges pacificateurs, les ministres de la charité. A portée de tout voir, de tout connoître, de tout éclairer, ils deviendroient les confidens de toutes les peines, les amis de tous les âges, la ressource de tous les malheureux, les protecteurs du travail, de l'industrie & des mœurs. Les yeux toujours ouverts sur leur clergé, ils en dirigeroient l'esprit; ils l'animeroient, non pas de ce zèle amer & ardent qui dévore & tourmente ceux qu'il enflamme, tandis qu'il trouble, & souvent révolte ceux qui en sont l'objet; mais de ce zèle doux & tendre, dont le langage est touchant, dont les soins renaissent, dont les succès sont sûrs, parce qu'il compatit toujours aux foiblesses, parce qu'il est toujous prêt à plaindre, à soulager les maux, parce qu'il ne s'enveloppe point des livrées d'une inutile & sombre austérité, parce qu'enfin jamais l'humanité ne l'abandonne.

Dans un diocèse dont l'Evêque pourroit apprécier tous les prêtres, il trouveroit bientôt de sages coopérateurs des ses travaux, & des ministres de sa bienfaisance. Faire le bien, ce n'est que céder à l'inspiration de la Nature. Presque tous les hommes sont portés à la suivre; mais ils ont presque tous besoin d'être entraînés par la force de l'exemple. Comme les troupeaux, il faut que le bélier soit à leur tête pour les guider. L'exemple peut tout. Un Evêque enflammé de l'amour du bien, ne tardera pas à en faire naître l'émulation dans son clergé; il le fera concourir à ses projets utiles, parce qu'il l'aura pénétré de ses sentimens.

L'Evêque, suivi de prêtres humains comme lui, portera dans ses visites, avec l'instruction religieuse, l'esprit d'examen & d'observation; il saura dans chaque village quels sont les moyens de subsistance, quels encouragemens on peut lui donner, quels établissemens on peut y faire; il en connoîtra les mœurs. S'il y règne des vices particuliers, il en découvrira les causes; il verra quels sont le mérite & la capacité de ceux qui tiennent les écoles; il jugera du zèle & des vertus des curés. Instruit de la situation de chaque paroisse, il parviendra bientôt à réprimer partout les abus, à ménager des secours pour le pressans besoins, à procurer de l'occupation & un salaire aux pauvres de tous les âges & de tous les sexes; & conjointement avec les seigneurs, les curés & le gouvernement même, il combinera les vues les plus propres à faire prospérer les campagnes.

Mais c'est sur-tout en préparant de bons Pasteurs, qu'il deviendra leur bienfaiteur véritable. Son Séminaire, confié â des directeurs éclairés & prudens, sera l'école de l'humanité. Sans doute la Théologie y sera enseignée dans toute sa profondeur & dans toute sa pureté; mais on s'y attachera plus encore à inspirer cette charité tendre & vive que la religion demande, & qui devient elle-même sa récompense. Les jeunes Ecclésiastiques destinés à conduire des paroisses de campagne, seront formés pour les diriger avec sagesse, pour en mériter la confiance & pour en obtenir l'amour. On leur donnera les connoissances nécessaires pour charmer la solitude, & celles qui pourront contribuer à les rendre continuellement utiles à leurs paroissiens. Sous les yeux d'un Evêque vertueux, ils se préparera, pour chaque village, un guide, un ami, un père; & quand la mort viendra ravir à ſon troupeau ce pontiſe vénérable & chéri, ſes bienfaits ne mourront pas avec lui. Son génie planera ſur ſon diocèſe; & l'eſprit qu'il aura répandu, ſubſiſtera long-temps encore après qu'il ne ſera plus (1).

---

(1) Le Diocèſe de Milan eſt encore l'un des mieux gouvernés; parce que les bons établiſſemens qu'y a faits S. Charles Borromée ſubſiſtent, & que tout s'y conduit toujours par ſon eſprit.

CHAPITRE II.

Des Curés.

QUEL doux tableau ſe préſente à mes yeux? Je crois voir ces jours des premiers âges où les hommes aſſemblés en nombreuſes familles, vivoient, ſous l'autorité des patriarches, dans l'innocence, la paix & le bonheur. Je crois voir la poſſibilité de les faire renaître, ces jours tranquilles, purs & heureux.

Parmi les moyens de rendre meilleure la condition des cultivateurs, l'un des plus efficaces, eſt de placer au milieu d'eux des Prêtres ſages, éclairés & humains. Il faut à l'enfance des guides doux & ſenſibles; & la vie des hameaux n'eſt preſque qu'une enfance prolongée : elle ſera innocente & heureuſe quand elle ſera bien dirigée.

Tranſportez-vous dans les villages de la Suiſſe, & ſur-tout dans ceux du Valais; vous y verrez des hommes actifs ſe livrer avec intelligence au travail, des femmes modestes & laborieuses, des vieillards respectés & contens, des ménages tranquilles & unis, la paix régner toujours, & des fêtes animées, sans désordre, par une joie franche & vive; mais vous y verrez aussi des Pasteurs très-instruits qui surveillent sans cesse leur troupeaux, & qui joignent à la profonde connoissance de la doctrine qu'ils enseignent, cet esprit de charité que la religion demande, & qui rend ses Ministres des guides sûrs, & de tendres consolateurs pour les autres hommes. Il leur est ordinaire de réunir aux lumières & aux vertus de leur état, le goût des sciences qui peuvent enrichir les campagnes, & procurer à leurs habitans de nouvelles jouissances.

Il est possible de donner à nos villages de semblables Curés. Il ne faut que former & faire adopter, dans tous les Séminaires, un plan d'éducation qui prépare les jeunes Ecclésiastiques à trouver & à répandre le bonheur dans les Paroisses qui leur seront confiées. C'est sur l'esprit patriarchal qu'on le doit établir; c'est le sentiment de l'amour qu'on doit leur inspirer; & ce sont les moyens d'en jouir par la bienfaisance & par la charité, qu'on doit leur faire acquérir. Destinés à couler des jours paisibles parmi des hommes, il faut les entourer de toutes les ressources qui pourront prêter des charmes à leur vie, & les rendre plus utiles à leur troupeau. L'homme qui ne sait pas s'occuper, n'est jamais bon. L'humeur s'en empare, l'aigrit; il devient dur & repoussant, parce qu'il souffre de son propre ennui; ou, s'il veut s'en arracher, il se livre à des goûts bas, & souvent à des vices scandaleux.

En inspirant dans les Séminaires l'amour des Lettres aux jeunes Ecclésiastiques, en leur donnant les connoissances qu'ils pourront le plus facilement & le plus utilement cultiver, comme la Physique, l'Histoire Naturelle, la Géométrie & quelques notions de Jurisprudence, on les préservera de l'oisiveté & de la corruption, qui, presque toujours, la suit. Ils trouveront de l'intérêt dans chaque moment de leur vie; ils éclaireront les travaux des Laboureurs, diminueront leurs peines, ajouteront à leur aisance. Après leur avoir prêché la paix, ils l'établiront parmi eux, en devenant Juges de tous les différends; enfin,

enfin, plus instruits & plus dignes encore d'être recherchés, ils se lieront plus aisément, plus intimement avec les Seigneurs des Paroisses, leur en feront connoître les besoins, en obtiendront des secours, & combineront avec eux les moyens d'en bannir la misere, d'y encourager les mœurs, le travail & l'industrie, & d'y fixer la gaieté.

Cette union des Seigneurs & des Ministres des Autels, est peut-être la principale cause du bonheur qui règne dans les villages d'Angleterre, & de la supériorité de caractère qu'ont les Cultivateurs Anglois sur ceux de la France; l'accord de deux hommes vertueux. Eh! comment ne le deviendroit-on pas dans la simplicité de la vie champêtre? L'accord de deux hommes qui, pour répandre un nouveau charme sur chacun de leurs jours, exercent continuellement leurs cœurs, & s'occupent sans cesse à faire le bien, n'est-il pas assez puissant pour que bientôt la félicité naisse autour d'eux? La Dame du château, bienfaisante & sensible, ne goûtera-t-elle pas aussi la volupté qu'on trouve dans l'exercice des douces vertus? Ses filles ne marcheront-elles pas sur ses traces ; comme ses fils suivront celles de leur père ? L'émulation des bonnes actions animera toujours la respectable famille & le tendre & bon Curé. La paix, l'aimable communication des idées, le charme des projets utiles, le ravissant plaisir de voir des visages satisfaits, le tableau des Campagnes devenues plus fertiles, le spectacle du bonheur dont ils seront entourés, les feront eux-mêmes jouir de tout le bonheur qu'on peut goûter sur la terre.

Mais ce n'est pas assez de répandre dans les villages, des Prêtres instruits & vertueux ; il faut qu'ils n'ayent pas à lutter sans cesse contre tous les besoins, qu'ils ne soient pas forcés d'arracher une gerbe au malheureux Laboureur, qu'ils n'aillent plus ravir à la veuve désespérée, le seul écu que lui laisse l'époux qu'ils viennent d'enterrer, qu'ils ne soient pas contraints par la pauvreté, de subsister aux dépens même de la misère. Sans doute le Prêtre doit vivre aux dépens de l'autel, mais non pas de la substance du pauvre. Quelle autorité, quel poids auront ses paroles & ses conseils, quand, sous peine de périr lui-même, il viendra, comme l'exacteur, enlever le pain d'une famille entière? Il faut que le Curé qui prêche la charité, puisse en donner l'exemple; que le malade, l'orphelin trouvent chez lui des remèdes, de la nourriture & des vêtemens. Sa volupté doit être la bienfaisance. Eh! pourquoi seroit il dans l'impossibilité de l'exercer? Pourquoi même seroit-il privé de tous les agrémens, de toutes les commodités de la vie? Est-ce parce qu'il est chargé des fonctions les plus pénibles & les plus intéressantes du Ministère, qu'il n'aura des biens de l'Eglise qu'une part trop modique pour le mettre au-dessus des premiers besoins? Cent écus, cinq cent francs, voilà la richesse d'une foule de Prêtres auxquels il est commandé d'être charitables, tandis qu'il leur est presque ordonné par la misère, d'implorer la charité! En vain on le dissimule; en vain on ferme ses yeux & son cœur: cet abus est affreux; il est destructeur pour les Campagnes. Il faut y remédier; peut-être rien n'est plus aisé.

Que les riches bénéficiers, sans charge d'ames, ne s'alarment pas: Je veux que les Curés des Campagnes soient dans l'abondance ; mais je ne veux pas qu'on dépouille ceux qui jouissent, à moins qu'on n'y soit contraint par la nécessité. Alors, je l'avouerai, il me paroîtra qu'on doit préférer l'aisance des Prêtres utiles dans les villages, à l'opulence extrême des Prêtres qui coulent dans les villes, des jours qui ne semblent pas d'une bien grande utilité.

Sans augmenter le nombre des ecclésiastiques, je crois qu'il est possible, & même très-important d'en placer deux dans chaque Paroisse, & de faire jouir le Curé de cent louis ou mille écus de rente, & le vicaire, de douze ou quinze cents francs. Dans le chapitre suivant, j'indiquerai les moyens de fournir à cette augmentation de dotation ; & je finirai celui-ci en montrant les avantages d'un pareil établissement.

En donnant aux Curés une plus grande aisance, on leur donnera une plus grande considération, & cet état, respectable & saint, ne sera plus autant dédaigné. Au-lieu de laisser leurs enfans s'engloutir dans les cloîtres, ou surcharger les familles de leur inutilité, les Bourgeois, les Magistrats des petites villes, les pauvres Gentilshommes même, verront avec joie des places où leurs fils pourront obtenir l'estime & le respect de leurs concitoyens, en jouissant d'une fortune honnête, & en pratiquant les vertus dont la simple Nature, non-corrompue, inspire l'amour, & qu'exige la Loi de Jesus, qui n'est que la Loi naturelle, écrite & fixée.

Les Paysans, conduits par des hommes d'une classe supérieure à la leur, auront plus de vénération pour eux, écouteront leurs leçons, suivront leurs conseils avec plus de confiance & de docilité.

Quatre mille cinq cents livres sagement dépensées dans une Paroisse, par deux Prêtres religieux & charitables, en éloigneront la misère, feront acquérir plus de valeur aux productions du sol, & par conséquent donneront à la culture plus d'activité. Le casuel détruit, les cultivateurs seront délivrés d'une contribution accablante; car tout le devient pour ceux qui craignent sans cesse de voir l'absolu nécessaire leur échapper. L'amour, le tendre amour, les conduira dans les temples, quand ils n'auront que l'offrande d'un cœur pur à y présenter. Les exhortations pacifiques & touchantes de leurs Pasteurs, se graveront dans leurs ames, lorsqu'ils n'auront d'autres rapports avec lui que ceux de l'instruction, des bienfaits & de la reconnoissance.

En établissant deux Prêtres dans chaque Paroisse, on préservera celui qui seroit resté seul, des dangers d'une trop grande solitude. S. Jérome, dans un affreux désert, seulement nourri d'herbes insipides, désaltéré par l'eau d'une fontaine, ne dormant que sur des feuillages desséchés, retrouvoit encore, dans l'antre d'un rocher, son imagination, qui rassembloit autour de lui les fantômes de la volupté. Tous les Prêtres n'ont pas sa force & son courage; & quelques-uns, tourmentés par des fantômes, cèdent quelquefois à des objets réels & animés; au lieu qu'avec moins de peine ils triompheront, & d'eux-mêmes & de ces objets, s'ils peuvent par des conversations agréables ou intéressantes, trouver des distractions nécessaires, & faire prendre un cours différent à leurs idées.

Un autre avantage, & peut être plus important aux yeux de l'Administration civile, que produira la réunion de deux ecclésiastiques dans chaque Paroisse ; c'est qu'ils s'animeront l'un & l'autre dans le desir de faire le bien. Notre expérience nous l'apprend : à moins d'une vertu bien peu commune, nous avons besoin pour nous soutenir dans l'exercice continuel des bonnes actions, de coopérateurs, de témoins & d'émules.

CHAPITRE III.

Des Collégiales.

GARDONS-NOUS d'enlever des Prêtres aux autels; mais ne craignons pas, quand ils sont trop nombreux dans les villes, quand ils y courent évidemment le risque de tomber dans le relâchement & la dissipation, de les transporter dans ces temples rustiques où leurs vœux moins distraits & plus purs, perceront plus aisément les cieux. Les Chanoines, si multipliés dans la France, en se rassemblant plusieurs fois chaque jour pour prier en commun, remplissent, sans doute, une fonction très-sainte; mais ne pourroient-ils pas la rendre plus sainte encore, en devenant eux-mêmes plus utiles? Offrons-leur en les moyens, & comptons assez sur leur vertu, pour croire que loin de s'opposer à des vues patriotiques & chrétiennes, ils les perfectionneront eux-mêmes; qu'ils étendront, éclaireront notre plan, & ne craindront pas de faire le sacrifice d'un état honorable & doux, pour prendre l'état de pasteurs des peuples, plus honorable & plus doux encore. En se transportant dans les campagnes, ils passeront d'une vie seulement partagée entre l'oraison & le repos, à une vie dans laquelle succéderont à la prière tous les exercices de la charité. L'étude, les occupations champêtres, si douces quand on sait les goûter, la société du Seigneur & de sa famille, celle du collègue que leur donnera chaque cure, celle des ecclésiastiques & des honnêtes gens du voisinage, leur offriront des délassemens aimables & purs; enfin, leurs jours partagés entre les occupations les plus intéressantes & les plaisirs innocens, simples & vrais, couleront dans la paix & le bonheur. En quittant les villes, leurs revenus les suivront dans les campagnes; & ce ne sera que lorsqu'ils seront à-peu-près éteints, qu'on fera la répartition de leurs biens selon le plan que je propose. Je vais essayer de présenter les moyens d'en rendre l'exécution non-seulement possible, mais très aisée.

La France est divisée en dix-neuf provinces ecclésiastiques, en y comprenant les évêchés suffragans de Trèves. Prenons une de ces provinces; celle de Paris, par exemple, pour faire l'application de nos vues. Je ne la choisis pas parce qu'elle offre plus de ressources que les autres, mais parce que ses ressources surabondantes peuvent être portées dans les provinces qui n'en ont pas de suffisantes.

La province de Paris est composée de Paris même, des évêchés de Chartres, de Meaux, de Blois & d'Orléans : elle contient à-peu-près 1924 Paroisses, & l'on y compte 41 collégiales. Nous pouvons réduire le nombre des Paroisses à 1700, parce que celles des villes n'entrent pas dans notre plan, & que plusieurs de celles des campagnes ont déjà deux Prêtres, comme nous le demandons. Supposons que chacune des collégiales ait trente mille livres de rente; supposition qui ne paroîtra pas forcée. En réunissant leurs revenus, nous trouverons un produit d'un million deux cent trente mille livres. Estimons six millions en capital, la valeur des emplacemens qui seront abandonnés par les Chanoines de Paris estimation qui n'est certainement pas exagérée; & nous aurons trois cent mille livres de rente encore : il nous reste les emplacemens des Chanoines de la Province, qui doivent au moins rapporter quarante mille francs par an. Ainsi voilà un million cinq cent soixante-dix mille livres de revenu, qu'on peut déjà employer à augmenter la dotation des curés, & à former celle des vicaires. A cette somme, qu'on joigne encore celles que doivent produire les biens des Jésuites, ceux des Grammontins, des Célestins & des maisons religieuses, soit de l'Ordre de Saint Benoît, soit de celui de Saint Bernard, qui sont trop peu nombreuses pour que la règle y puisse être observée; & l'on verra que les moyens, loin de manquer dans la province de Paris, peuvent fournir des secours aux autres provinces.

Dans la tâche que je me suis imposée, mon devoir est de présenter autant d'idées utiles que je le pourrai; c'est à l'Administration qu'il appartient de les examiner, de les développer, de les modifier & de les réaliser, si elle les juge aussi favorables au bonheur des Peuples, qu'elles me le paroissent. J'avoue que cet objet nie semble assez important pour que le Gouvernement s'en occupe. C'est le bonheur de la France, c'est la régénération de ses mœurs que je crois lui proposer. Mes vues sont peut-être foibles, mes spéculations peu justes; mais elles ont un trop grand intérêt, pour ne pas arrêter ses regards, & pour qu'il ne cherche pas à féconder un germe d'où la félicité générale peut éclore.

Cependant il se présente quelques objections qu'on ne doit pas dissimuler, mais chercher à résoudre.

Les Curés plus riches, les Vicaires avec plus d'aisance, ne dépendant plus de leurs Paroissiens, ne seront-ils pas tentés de négliger leurs devoirs, pour se livrer à la dissipation? Plus rapprochés par leur fortune, & par la communication des Seigneurs & des riches qui auront quitté les villes pour habiter les campagnes, conserveront-ils autant de respect pour leurs Evêques, & resteront-ils dans cette subordination, indispensable à toute hiérarchie? Le zèle ne s'éteindra-t-il pas; ne perdront-ils point cette simplicité de mœurs & de foi, si nécessaires pour guider dans la route du bonheur & de la vertu, les habitans des campagnes?

Non ; la bonne éducation qui prépare l'homme à remplir dignement les fonctions de l'état qu'il embrassera, lui en fait respecter les devoirs, & lui inspire pour l'ordre le plus grand amour. D'ailleurs, cet ordre sera maintenu par une surveillance sage & toujours active. En demandant des Evêques éclairés & vertueux, en exigeant que les séminaires soient non-seulement l'école de la doctrine, mais encore celle des devoirs & des mœurs, nous avons assuré aux campagnes de bons & de tendres Pasteurs. L'augmentation de revenus qu'on leur accordera, en les faisant peut-être jouir un peu davantage des commodités de la vie, les empêchera d'être sans cesse tourmentés par l'inquiétude de pourvoir aux plus pressans besoins. Si les richesses amollissent les ressorts de l'âme, & ne laissent un puissant attrait qu'aux jouissances des sens, la misère endurcit, éteint la pitié, détruit le sentiment. La médiocrité, qui ne permet pas de satisfaire tous les desirs, les empêche de naître, ou du moins les modère. Trop au-dessous de la richesse pour favoriser la volupté, elle est trop au-dessus de la misère, pour étouffer la charité. D'ailleurs, l'exemple, ce puissant maître de l'homme, ne donne-t-il pas aux Curés l'émulation & l'habitude des bonnes actions ?

C'est par abus qu'ils se sont donné le droit de résigner leurs bénéfices ; mais cet abus, pour être ancien, n'en est pas plus respectable. Il faut le détruire, parce qu'il s'oppose à la sagesse des choix, qu'il est si important d'établir. Il faut que la nomination aux bénéfices à charge d'âmes, qui a plus d'inconvéniens encore, appartienne, autant qu'il sera possible, exclusivement, aux Evêques & aux concours (1).

On doit cependant pourvoir à la subsistance, à l'entretien, & même à l'aisance de ces anciens Curés, qui, après avoir vieilli dans leurs vénérables fonctions, deviennent incapables de les remplir. Il est juste qu'un doux

---

(1) L'expérience apprend que les Prêtres qui emploient, pour avoir des bénéfices, la voie des préventions, des dévolus, &c. sont les moins dignes de les posséder, & ne les obtiendroient pas, s'ils attendoient qu'on récompensât le mérite.

repos soit le prix d'un long & vertueux travail. Rien de plus facile que de le leur procurer, même en les faisant jouir des agrémens d'une société convenable.

Au centre de l'arrondissement de vingt-quatre Paroisses, on peut former, pour quatre anciens Curés ou Vicaires, un établissement où ils seront logés, nourris & servis. Le bâtiment qu'ils occuperont sera simple & commode. Chaque Prêtre aura une chambre & un cabinet; ils auront en commun une salle à manger, & une pièce pour se rassembler. Ce sera dans cette maison que se tiendront les conférences, qui sont d'usage dans presque tous les Diocèses. Il paroît plus convenable qu'elles se fassent sous leurs yeux, & qu'elles soient dirigées par eux : tenues alternativement par tous les Curés, elles leur causent de l'embarras, de la dépense, & quelquefois des désagrémens (1). Mais comme ces

---

(1) Presque toutes les institutions sont bonnes dans leur principe; mais la foiblesse humaine les fait bientôt dégénérer. Il étoit sage de rassembler quelquefois les curés, pour qu'ils s'entretinssent des objets relatifs à leur

assemblées deviendroient trop nombreuses si tous les Prêtres s'y trouvoient à la fois, on pourra régler qu'il y aura quatre conférences par mois, auxquelles tous les Ecclésiastiques du canton seront tenus d'assister tour à tour. En répandant de la variété sur la vie des anciens Pasteurs, ces conférences seront des espèces de fêtes pour eux. Embellir les derniers jours des sages, c'est l'un des plus touchans devoirs de l'humanité.

L'entretien de ces maisons de retraite sera à la charge des Curés & des Vicaires en exercice. Les premiers donneront cinquante écus par an, & les autres cinquante livres. Mais comme quatre mille huit cent livres de revenu ne suffiroient pas pour la dépense des conférences, chaque Ecclésiastique donnera

---

ministère, & pour les unir les uns aux autres par les liens de la bienveillance & de l'amitié. Mais il est arrivé ce qui arrive toujours. A la modestie, à la sobriété qui régnoient dans les premières assemblées, ont succédé le luxe & la dissipation. Sous prétexte de faire des conférences, tous les Prêtres d'un canton se rassemblent chaque mois, & passent un ou deux jours dans la bonne chère & les jeux.

quatre

quatre francs pour les frais du dîner, lorsque son tour sera venu d'y aller. Les Evêques feront des Règlemens pour ces assemblées, qui ne pourront être que décentes & utiles, présidées par de respectables vieillards.

Il ne faut pas se dissimuler toutes les contradictions qu'éprouvera ce plan. Je sais que l'exécution ne peut en être très-prompte; mais cela n'empêche pas de l'adopter sans délai, & qu'on le fixe invariablement. Quelle grande opération ne se fait pas avec lenteur? Mais c'est à la race présente à préparer le bonheur des races à venir. Si nos pères n'avoient vu que le court moment de leur existence, nous disputerions encore les fruits sauvages aux animaux des forêts. Au reste, les contradictions & les oppositions seront peut-être moins fortes, & sur-tout moins durables qu'on ne pense. La voix de la raison triomphe bientôt, quand elle est soutenue par la volonté ferme du Législateur.

Sans forcer les Chanoines à renoncer à leur état, s'ils s'obstinoient à ne pas vouloir l'abandonner, on peut les laisser s'éteindre; & à mesure que leurs places vaqueront, en appliquer les revenus à la dotation des Curés, à commencer par les plus pauvres.

La dernière objection qui se présente, c'est la destination qu'on a peut-être faite des biens des Religieux supprimés; mais, si cette destination n'est pas la meilleure, il faut la changer. Au-lieu d'enrichir les hôpitaux, ne vaudroit-il pas mieux les empêcher de se remplir? Il se pourroit qu'aucun des habitans des campagnes ne vînt réclamer les secours des maisons de charité des villes; on peut même beaucoup soulager ces maisons, en prenant un parti simple & raisonnable; celui de n'y recevoir aucun domestique. Est il juste que les riches, dont le faste, le luxe & la mollesse enlèvent à l'agriculture & aux armées les hommes les plus forts & les plus lestes, dont les passions & les exemples corrompent les enfans des honnêtes Laboureurs, les abandonnent dans leurs maladies aux soins de la charité publique? Puisqu'ils jouissent de leurs services, c'est à eux, dans toutes les circonftances, à pourvoir à leurs besoins. Si la justice & l'humanité ne les en avertissent pas, c'est à la loi de les y contraindre (3).

---

(3) Un Duc de la Rochefoucault ne gardoit un domestique que dix ans. Il étoit nourri & vêtu, mais ne touchoit qu'une très petite partie de ses gages. Au bout de ce terme, il ne permettoit plus au domestique de rester à son service, mais il l'engageoit à prendre un commerce ou une profession, dont ses gages accumulés faisoient les fonds. Cet exemple d'humanité & d'intérêt public réfléchi, étoit digne d'être cité. Il est plusieurs familles très-antiques : il n'en est peut-être qu'une où la pratique habituelle du bien soit *héréditaire*.

www.ingramcontent.com/pod-product-compliance
Lightning Source LLC
LaVergne TN
LVHW020410230826
846091LV00004B/1226
9782016145043